5つの場で定着する
子ども熱中指導術

明治図書

はじめに

「漢字定着5（ファイブ）システム指導法」という言葉，耳慣れないと思います。
簡単に言えば，クラスの子供たち全員が，漢字に出会うことが楽しい，待ち遠しいという**「場」**を５つ用意するということです。
どんな５つの「場」を用意するのか，簡単に説明します。
この５システム指導法をスタートしたのは新採４年目，転勤と同時に５年生を担任した25歳の時です。今から30年以上も前のことです。
クラスの子供たちは，45名。
４月スタートの時に取ったアンケートの中に，多くの子供たちが「漢字を覚えるのは苦手，嫌い，楽しくない。漢字練習は面倒くさい。」などの言葉を書いていました。
そんな子供たちが，わずか１，２ヶ月でこんな言葉を言い始めます。
「先生，漢字テストまだですか。漢字テストが待ち遠しいです。」
「先生，いつの間にか新しい漢字を全て覚えてしまいました。」
「先生は，この漢字読めますか。難しいですよ。」
「先生，家で漢字対戦をしているんですよ。ぼくが今，家で一番漢字に強いんですよ。お父さん・お母さんにめっちゃ褒められています。」
なぜ，こんな言葉を口にするようになるのか。
それは，子供たちが今まで体感してきた「漢字指導」に少しだけ手を加えたからです。
５年生の子供たちに聞くと，漢字指導とは国語の授業のはじめに「音読み・訓読み・部首・画数・書き順・熟語」などの確認があって，何回か練習するというもの，という言葉が返ってきました。
宿題は，漢字ドリル・スキルの何ページをノートに写してくる。日々その繰り返しだったと言います。
１年生から４年生まで同じパターンだったらしいのです。

それでも，漢字を覚えることができない。漢字の練習をするのが楽しくない。だから，面倒くさい。

漢字テストなんて無ければいいのに，と言う子までいました。

「練習しなさい」と言われるから渋々やる。何となく，適当に漢字練習をしたノートを提出する。形ばかりの漢字練習。

テストをすると当然，漢字を書いても間違える。練習はしたのに，しっかりと漢字を覚えていないから書けない。

覚えたいと思って練習していないから，記憶に残らないのは当然です。

そこで，今までの漢字指導に，少し手を加えたのです。

手を加える時に心したことは，一つ。

「漢字に出会うこと」が楽しくなるように仕掛ける。

ただそれだけです。

楽しければ，覚えなさいと言わなくても子供たちは漢字を自然と覚えます。

新しい漢字に出会うことを積極的に望みます。

その手を加えた「場」が，「５つの場」なのです。**「５つの場の漢字との出会いに少し手を加える」**，それを**「５システム」**と呼んだのです。

その５つの場は，**「授業・教室環境・テスト・宿題・自学」**です。

授業にだけ手を加えても，子供たちの漢字に対する心は大きく変わりません。

子供たちが学ぶ教室環境にも手を加える。

子供たちが挑むテストや宿題・自学にも手を加える。

もちろん，大きくは変えません。

本書に紹介しているような「わずかな場の工夫の積み重ね」で，子供たちは一日一日と変わっていきます。

それも全員です。

全員が変われば**全員力**となって，**「全力・前力・善力・然力」**が高まっていきます。互いに高め合う力が強くなっていくのです。

ちなみに，この25歳の５年担任の後，１年から６年，その上特別支援学級担任を受け持つ機会を得ました。

どの学年でも，ほんのちょっとの手間と工夫を積み重ねることで，子供たち全員が漢字大好きっ子に変わっていったのです。

しつこく言います。

漢字は練習させれば，覚えるものではないです。

漢字との出会いが楽しいから，覚えるのです。それも，いつの間にか覚えてしまうのです。

練習も自分から進んでやりたくなるのです。

漢字ドリル・スキルを宿題に出す必要も無くなります。子供たちは，時間を見つけては進んでドリル学びをします。本書に紹介したように，進んで学びたくなるように仕掛けているからです。

「漢字定着５システム指導法」というのは，特別な方法ではないです。

今までやってきたことを少し変え，ほんの少しの手間と工夫を日々行うことで，子供たちの心が変わるという指導法です。

まずは，本書に紹介した５つの「場」の中から，変えることができる「場」を見つけてください。

場を決めたら，ほんの少し手間をかけてみようかなと思った「場」から取り組んでみてください。

子供たちの漢字に対する心，漢字を学ぶ心構えが少しずつ変わっていきます。ある時突然，**ブレイクスルーする瞬間**が必ずやってきます。

この瞬間を楽しむために，教師の心の導火線に火をつけてください。少しでも，漢字大好きっ子が生まれることを願っています。

2020年７月

福山　憲市

もくじ

5章 どの子も漢字の時間が待ち遠しくなる！「自学」で漢字指導

1章

どの子も漢字の時間が待ち遠しくなる！「授業」で漢字指導

1章
学びのフローチャート

授業における漢字指導

低学年の漢字指導

授業はじめに漢字指導

〔効果を活用した漢字指導〕
絵画効果
リズム効果
ゲーム感覚効果
変化のあるひと手間効果
レベルアップ見える化効果

中・高学年の漢字指導

授業はじめに漢字指導をしない

〔ひと手間・工夫指導〕
タイムリー指導
漢字くん紹介型指導
フラッシュカード型指導
1日まるごと漢字指導
前もって漢字指導

漢字が友達

漢字が親友

自分たち授業

漢字探しタイム・漢字対決タイム・漢字作成タイム
辞書引きタイム・難問漢字検定タイム・漢字カードタイム

出会いの演出で漢字が好きになる！低学年漢字指導術

1 漢字が好きになる演出① 絵画効果

低学年の場合は，授業のはじめに漢字指導をすることは大切です。

特に１年生には，初めての漢字との出会い方を丁寧におさえる必要があります。漢字ドリル・スキルを使って，漢字の読みを唱えたり，空書き・なぞり書きなどをさせたりするという「よく行われている方法」でよいです。

ただ，この時忘れてはいけないのが「声かけ」です。

「声かけは肥えかけ」と考えています。

声をかけることが，**学び欲の肥やし**になります。

「声がよく出ていますね。素晴らしいです。」

「丁寧に漢字を空書きしていますね。さすがです。」

「線からはみ出ていない人がいっぱい！ なぞり書きが上手！ すごい！ 漢字名人です。」

オーバーアクションで言っています。

子供たちが「笑顔」になる声かけ。それが，漢字との出会いを「笑顔」にします。

ただ，これで終わっては**「ほんの少しの手間」**が足りないです。

低学年の子供たちが，漢字が好きになる演出に「ひと手間」かける必要があります。

それは何か。

それは，次のページに紹介している**１枚のカード**です。

Ａ４サイズの紙に印刷したものを，ラミネートしたカードです。

もちろん，ラミネートは絶対ではないです。画用紙に印刷でも，全く構いません。

右のように，表に絵を描いています。私は絵を描くことが好きなので，自作の絵をカードに入れています。

低学年なので，できるだけかわいく描いています。これもまた，自作する必要はないです。市販のイラスト集から取ってもよいです。

表のカードを見せるだけで，子供たちは「犬！」と言います。絵と言葉が結びつくのです。

そこですぐに，カードを裏にします。そして，右のように**「部分提示」**しています。

「あれ？ おかしいね。犬という漢字じゃないね。みんな，漢字を書ける？」

はじめのうちは，挑発します。もちろん，子供たちは「書けるー！」と大きな声で言います。でも，すぐに書かせません。

子供同士で簡単な確認をさせます。教え合いです。

こうするだけで，全員が書くことができます。

その時，うんと全員を認めて褒めます。

「手の挙げ方もいいね。丁寧に空書きするのも上手。一番いいのは，友達としっかり漢字を確かめていたこと。すごいなぁ。漢字名人！」

全員が笑顔になります。

そこで，正しい漢字を書いたカードを見せるのです。ただ見せるだけでなく，当たっていたことを喜び合います。「よっしゃー」とみんなで声を出して喜びます。

「喜びを分かち合えば倍になる」という言葉があります。

ただ答え合わせをするのではなく，一緒に喜び合う。

これもまた，大切な**「ひと手間」**の場です。

ちなみに，このカードは漢字を指導している時には出しません。

授業の途中・授業の終わり・朝の会・帰りの会・給食時間などいろいろです。カードを見せて，空書きをするまでにわずか１分程度です。

この積み重ねが大切だと思っています。

これを**「絵画効果」**と呼んでいます。絵を見せ，漢字を見せ，練習をする。絵を見ただけで，子供たちは漢字を想起するようになります。

いつの間にか，全員が覚えてしまうのです。

後の章でも述べますが，もちろん，時には「知的学級掲示」にすることもあります。子供たちが自由にカードをめくれるように仕掛けています。

ちょっとした工夫です。その工夫で，子供たちが「漢字と出会う」ことが好きになります。

右のように，縞模様で提示することもあります。その他にも

- カードに漢字を小さく書いて提示
- 全く何も書いていない白紙版を提示
- 間違った漢字を提示（例：大）
- 「犬」ではない全く違う漢字を提示（例：山）

など，カードにほんの少し変化をつけています。

いつも同じでない。

だから，子供たちは「今回はどんな形の漢字が出るかな？」とワクワクすると言います。

面白いのは，これも他の章につながりますが，子供たちも真似をして作ってしまうことです。自作漢字絵カードを自主学習で作ることで，より漢字が好きになっていきます。低学年の子供たちの目の色を変える絵画効果は，低学年漢字指導には欠かせない「ひと手間」です。

2 漢字が好きになる演出② リズム効果

右のようなカードを提示することがあります。

先の「犬」の絵のように，絵からすぐに漢字が浮かばない時には，絵の下に**「ヒント言葉」**を入れています。

ちなみに，この絵は「友」という漢字を表しています。もちろん，裏には「とも」以外に「ゆう」という読みも書いています。

子供たちは「とも」から「友」を想起すると，自然と「ゆう」も結びつけるようになります。

当然，何度かカードを見せたら「ヒント言葉」を隠したものを見せることもあります。

ところで，この絵画効果を活用したカード見せですが，より漢字が好きになる効果を活用します。

それが**「リズム効果」**です。

漢字と出会ったはじめの頃は，普通にさっと絵カードを見せるだけです。

ところが，数回このカードを見せる場を設けたら，カードを見せる前に次のような**「リズム言葉」**から入ります。

> ♪分かるかな？分かるかな？ ♪この漢字，分かるかな～？

リズミカルに「分かるかな？」という言葉を繰り返します。

１回目の言葉は，やや弱く少し速めに言います。２回目の言葉は，やや強くゆっくり言います。抑揚もつけます。

最後は，少し挑発するように最後の言葉を伸ばします。

言いながら顔を少し左右に振ります。

この「リズム言葉」を２度言っただけで，子供たちも真似して言うことができます。

子供たちも言うことができるのが，大切なポイントです。

ただ漢字を見せられるよりも，リズムにのって漢字絵カードを待つ。

どの子の目も，漢字絵カードが出るのが楽しみという目に変わります。

「カードを見てね。」

と言う必要はないです。先のリズムにのった言葉を一緒に唱えるだけで，漢字絵カードが出るという空気に全員がなるのです。

もちろん，その姿を認め，うんと褒める声かけをします。

「リズムにのって，言い方がとっても上手！」

「先生，漢字カードをみんなに出すの，とっても楽しみ。みんなの言い方がとってもいい！　ありがとう！」

漢字絵カードを見せる「絵画効果」に，リズミカルな言葉が加わる「リズム効果」で，子供たちの漢字に向かう心が２倍以上になるのを感じます。

ちなみに，リズム効果を活用した「リズム言葉」は，一つではないです。

漢字絵カードを，右のように部分提示することもあります。

少しずつ見せる。じらす。

そんな時には，次のように言います。

♪分かるかな？　♪分かんないだろうなー！
♪この漢字，ちょっと分かんないだろうなー。

完全な挑発です。低学年の子供たちは，この挑発が大好きです。絶対に答えるぞーという気になると言うのです。

面白いもので，このリズム効果の「言い回し」をすると，「絶対に当てる！」という子供たちが，次々と出てきます。嬉しくなります。

ちなみに，この漢字絵カードは「岩」を表しています。犬が岩にしがみつ

いているのです。

犬を少しだけ見せているのも，子供たちを惑わせるためです。

更に，リズム効果を活用した，こんな「リズム言葉」があります。

右下の漢字絵カードは，絵と一緒に漢字も書いています。それも2つです。次のように言って，この絵カードをさっと見せます。

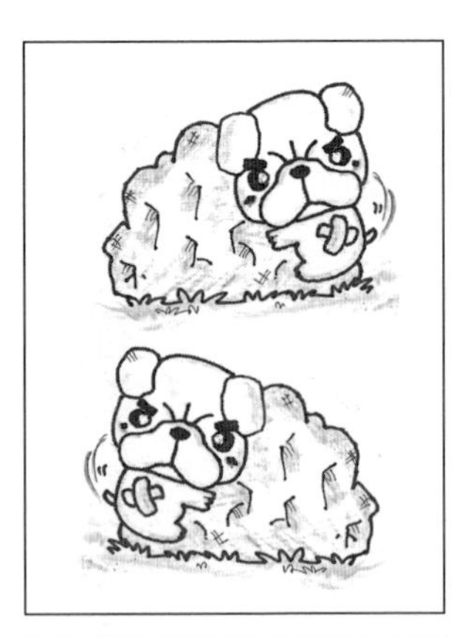

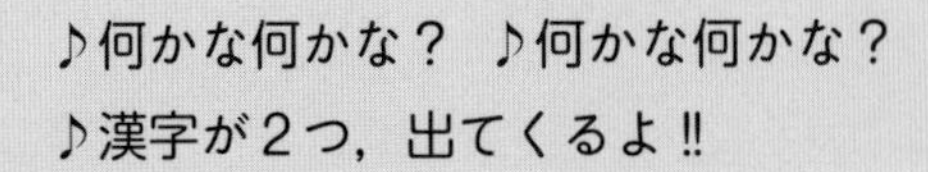
♪何かな何かな？　♪何かな何かな？
♪漢字が2つ，出てくるよ‼

左
右
HB

絵はヒントです。右・左からキャラクターが登場しているのです。もちろん，このことは初めてカードを見せた時に，言っています。

なんと，リズム効果を活用した「リズム言葉」の後に漢字絵カードを見せる時は，わずか数秒しか見せないのです。短い時は1，2秒です。

それだけに，子供たちは必死に見ます。時には，もう一度だけ見せてほしいと言います。その言い方を褒め，もう一度だけ見せることがあります。当然，その時の見る姿もうんと認め褒めます。

子供たちは，この「♪何かな何かな？」というリズム言葉の時には，あっという間にカード見せが終わるということを学びます。

「リズム言葉」一つで，子供の目が変わります。集中も半端ではないです。

もちろん，友達同士で答えの確認はさせます。ばっちり答えが分かった時には，いつものように「よっしゃー」と言って喜びます。これもまた，リズム効果。心に学びパワーを注入させています。

3 漢字が好きになる演出③ ゲーム感覚効果

ここまでの「絵画効果」「リズム効果」ともに，実は**ラーニング・パターン**を意識したものです。

ラーニング・パターンの中に，「まずは場につかる」「真似することから」「教わり上手になる」「学びの中の遊び」「学びの竜巻」「知のワクワク！」「量は質を生む」「言葉のシャワー」「成長の発見」「隠れた関係性から学ぶ」などの言葉があります。

> **まずは漢字を楽しむ場につかる。友達の姿を真似することから始める。**
> **友達から教わることから，漢字に楽しく触れる。**
> **学びの中に遊びがある。学びの竜巻，渦の中に巻き込む。量を積み，質を生む。**
> **多くの漢字につながる言葉のシャワーを浴びる。**
> **子供自身が確実に成長しているのを実感する声かけや場を仕掛ける。**

ここまでわずか２つの演出ですが，それだけでも子供たちは漢字が好きになり，漢字を楽しむ場につかります。

更に，もっと漢字好きにするための演出として**「ゲーム感覚効果」**があります。**「学びの中の遊び」**を漢字指導にたっぷり持ち込むのです。

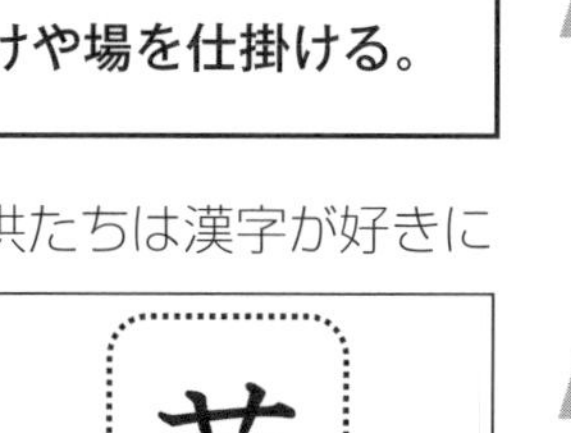

右のような漢字カードがあります。表には，花の絵を描いています。

最初は，表の絵カードは見せません。

リズム効果を活かして，次のように言います。

♪浮かぶかな？浮かぶかな？ 何の漢字が浮かぶかな？ 難しいよー。

そう言って，カードを見せずに次の**「謎解き言葉」**を言います。

- **漢字の読み方は，「は」から始まるよ。**
- **この漢字，「７画」で書くよ。**
- **文にすると「(ほにゃほにゃ) が咲く」「(ほにゃほにゃ) が開く」って使うよ。さて，その漢字は何かな何かな。浮かぶかな。**

もちろん，友達と相談させます。時には，立って自由に語り合わせます。席を立たせ，自由に話す場を設けることで，子供たちの学び欲を認め褒める場が増えます。

「３人以上の人と話した人は，素晴らしいです。」

「１人でいる友達に，すぐに声をかけた人がいます。最高です。」

こんな声かけをすることで，漢字指導の場が**「学級の学び心の土壌」**を耕す場にもなります。

もちろん，全員が「花」と分かります。

この全員が分かるということを，とても大切にしています。ゲーム感覚効果といっても，一部の子が楽しめればよいのではないです。

全員が分かる→全員力が高まる→全(員)力になる→前力・善力が増す。

全員力が，前に向かって頑張ろうという**「前力」**になります。

全員力が，互いに認め褒め合ったり喜び合ったりする**「善力」**になります。

漢字が本当に好きになるというのは，全員が楽しく分かる喜びを分かち合える場だからこそ，一人一人に深く浸透していくのだと思います。

ここで大切なのが，答えが当たった後の**評価**です。「当たった事実」を

「見える形」にしてあげることが欠かせません。

評価には，右のような**「100点花丸モグラ付き」**型を使用しています。

100点→100点花丸→100点花丸モグラ付き
→100点花丸モグラにフォーク→フォークにお肉
→お肉にブタさん→モグラさん２匹

というように，どんどんレベルが上がる形にしています。

謎解き言葉をヒントにして，よく相談し，さっと答えることができ，丁寧に空書き・練習書きができれば，どんどんレベルが上がります。

120点とか150点というように，点を上げるのではなく，絵が付け加わる。それだけで，子供たちの笑顔が増えます。

「やったー。お肉が付いた!!」

「モグラさん２匹を目指そうね。」

こんな言葉を子供同士で話しているのです。実にかわいい姿です。

漢字の答えを当てる。そこに，笑顔が自然と生まれます。更に，モグラさんが付いて笑顔がぐっと増える。

家に帰って，保護者に嬉しそうに「モグラさん」を見せるそうです。その姿を保護者の皆さんは褒めてくださいます。それがまた，子供たちを漢字好きにしてしまいます。ゲーム感覚効果というのは，これら全てをひっくるめたものなのです。

漢字が好きになる演出④ 変化のあるひと手間効果

「絵画効果」「リズム効果」「ゲーム感覚効果」を活用することで，低学年の子供たちは，漢字との出会いが待ち遠しくなります。

一度学習した漢字に，何度も違う形で出会うように仕掛ける。

漢字との再会が一つの**「いい習慣・いい当たり前」**になるように，「ほんの少しの手間」をかけているのです。

ここで大切なのは，ただ繰り返すのではないということです。ほんの少し前回とは違った形で，漢字との再会を演出する。

「あれっ，前と違う！」

そう子供たちに思わせることで，子供たちの「漢字と再会するワクワク感」が増します。

ちなみに，無理して大きく変える必要はありません。無理をすると，手間をかけることが面倒になってしまいます。ほんの少しのひと手間でよいです。

すでに❶から❸には，５個以上の提示法を紹介しています。これを次のように変化をつけて繰り返しています。

Ａの提示法→Ｂの提示法→Ｃの提示法→Ａの提示法→Ｄの提示法→Ｅの提示法→Ｂの提示法→Ａの提示法→Ｃの提示法……というように，同じ方法でも少し期間をあけて繰り返す。

そうするだけでも，漢字と再会する心が変わります。これが**「変化のあるひと手間効果」**を生み出しています。

同じことをし続けるのではない。前とは少しだけ変える。少し変わっただけでも，子供たちには漢字との再会に「新鮮な心」がプラスされます。

「ほんの少しのひと手間」なので，教師自身も１年間飽きることなく続けることができます。

例えば，次のようなひと手間が，子供たちを漢字との出会いが待ち遠しくてたまらない心に変えてしまいます。

　右の絵カードを見せます。子供たちは，すぐに「日」を思い出します。

　もちろん，さっと友達確認もするので，全員の手が挙がります。

　声を揃えて，１・２・３・４……と唱えながら，空書きするのも上手です。

　この後，こんな「ひと手間」を入れます。

**　１・２・３・４……と唱えるスピードをアップして，スピード書きさせる。それでも，みんなが揃ったら，とことん認めて褒める。**

　少しだけ空書きのスピードをアップさせたのです。それでも，子供たちは興奮します。

　更に，違う場では「スピード空書き」をさせるのではなく，**「つながり漢字」**というひと手間を子供たちに味わわせます。

- 「日」に，１つ付け加えました。「白」になりました。何と読みますか。
- 「日」に，２つ付け加えました。「百」になりました。何と読みますか。
- 「日」の下に「生」を付けました。何という漢字に変身かな。

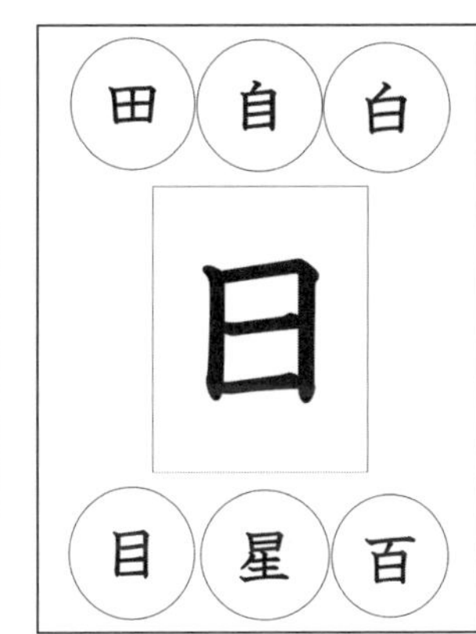

　もちろん，リズム効果も付け加え「♪分かるかな？ 分からないだろうなぁー」と挑発しています。

　１枚の絵で，いくつもの漢字を想起させることができます。そんなカードも作って，子供たちに提示した後は，「知的掲示コーナー」に貼っています。

時には，右のような「ほんのひと手間」かけたレベルの高い内容のものを提示することがあります。

♪浮かぶかな？浮かぶかな？ ５つの漢字が浮かぶかな？ 難しいよー。

リズム効果を活用して絵カードを提示。

絵のそばには「５つはうかぶ？」と書いています。

この絵から，既習の漢字が最低５つは浮かぶかを試すものです。時折，既習の漢字の復習を行うような漢字絵カードも「変化のあるひと手間効果」をねらって提示するのです。

もちろん，ここでもすぐに発表させることはしません。友達と１分相談をさせます。この相談タイムで漢字を思い浮かべます。

時には，教科書を見ながら１分相談タイムを取ってもよいことにしています。

- 草があるから「草」という漢字が浮かびます。
- 帽子が６個あるので「六」が浮かびます。
- 風が吹いているので「風」が浮かびます。

こんな風に漢字を浮かべると同時に，**説明力**も磨くことができます。

その他，子供たちは次のような漢字を浮かべました。

「手・下・上・空・見・山・目・青・大・犬・鳥・雲・遠・外・楽・帰・言・作・晴・船・太・友・毛・一・二・三・四・五……。」

たくさんの漢字が浮かぶ絵カードを「ちょっとひと手間」かけて用意するだけで，たくさんの漢字をいつの間にか復習することになります。

浮かんだ漢字と絵カードはもちろん，知的掲示コーナーに貼っておきます。

5 漢字が好きになる演出⑤ レベルアップ見える化効果

右のカードは，カラー版です。○の中は「青・赤・白・黒・茶・水色」を塗っています。

カラーにすると，色の漢字も登場することになります。レベルアップです。

子供たちは，「赤いりぼん」「黒い目」「茶色の土」など，絵と結びつけた発表をします。

「レベルが高い言い方です！ すごい。」

「黒い目なんて，【黒】と【目】2つも漢字を見つけていますね。これは，すごい。」

一つの絵から，実に多くの漢字を結びつけた発表をします。この発表をうんと認め褒めることで，子供たちは

いくつかの漢字を結びつけて発表する

というレベルアップの方法を自然と身につけていきます。

もちろん，このカードをしばらく経って見せた時，前と同じ発表をしても OK です。よく覚えていたことをうんと認めます。褒めます。

例えば，右のカラー版「サル吉くん」のカードではどうでしょう。

リズム効果にのせて，ぱっと見せただけで，子供たちは，どんな漢字を結びつけてくると思いますか。

・黒い目が二つあります。⇒「黒・目・二」の3つの漢字を結びつける。
・バナナが三本あります。⇒「三・本」の2つの漢字を結びつける。
・口は小さく，一つです。⇒「口・小・一」の3つの漢字を結びつける。
・赤・青・黒・白・黄・茶色が見えます。⇒6つの漢字を結びつける。

など，次々と既習の漢字を結びつけていきます。

中には，未習の漢字を言う子もいます。例えば「緑色の草」です。「緑」は3年生で習います。

色の付く漢字を習った子供の中には，後の章でも述べますが，どんどん自主学習＝自学で先取り漢字練習をする子もいるのです。

もちろん，それをうんと認めます。

他の子にも「緑」という漢字を**「見える化」**します。レベルアップした姿をうんと認めることで，新しい漢字に挑もうとする姿がどんどん広がっていきます。

こんな風に，漢字と漢字を結びつける。未習の漢字にも結びつける。この効果を**「レベルアップ見える化効果」**と呼んでいます。

友達のレベルアップの姿が見える。

友達がレベルアップしているのを，一緒に味わう。

そんな場が，一度学習した漢字に何度出会っても，楽しい時間にしてしまうのです。漢字に飽きることがない姿を，子供たちは毎回見せてくれます。

ところで，更に「レベルアップ見える化効果」が効力を発揮する場があります。

それが，次のページの**「にっこりシール」**です。

４つ切り画用紙の大きさにして，次の紙を貼っています。

朝の会・帰りの会・朝学・授業はじめなどに，「変化のあるひと手間効果」を活用して復習した漢字。

子供たちから，漢字の発表があったものは，後で☺のシールを表に貼っておきます。

何度も出た漢字には，何枚もの「にっこりシール」が貼られます。当然，漢字は見えなくなります。それが，「レベルアップ見える化効果」です。

　漢字が見えなくなれば，その漢字を何度も何度も出したことになります。

　ちなみに，この４つ切り画用紙は，だいたい１週間貼っておきます。１週間で，いくつの漢字が消えるか。それを子供たちは楽しみます。

　当然，次々と新しい漢字を習うので，漢字はどんどん増えていきます。４つ切り画用紙が自然と増えていくこともまた，「レベルアップ見える化」です。

　ところで，この漢字の配列をよく見てください。

　ちゃんと**画数**を意識して配置しているのです。「１画・２画・３画・４画・５画……」の漢字には，どんなものがあったかも確認することができるようになっているのです。

　後の章でも述べますが，このような掲示物をじっと見て復習している子がいます。その姿を見逃さず，うんと認め褒めることで，子供たちが一段と漢字大好きっ子になっていきます。

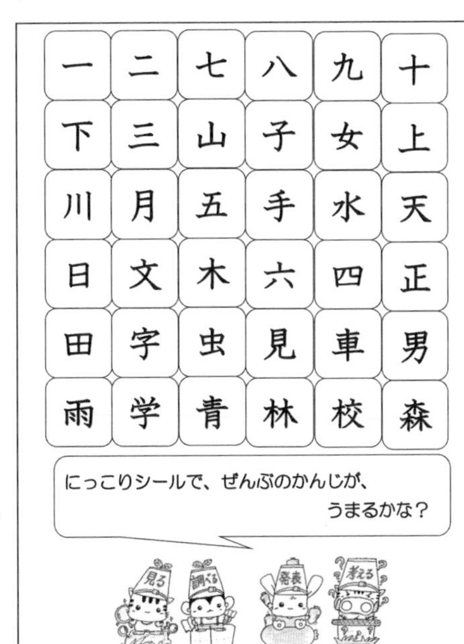

漢字が友達，親友に！中・高学年漢字指導術

漢字が友達になる仕掛け① タイムリー指導

中・高学年では，授業のはじめに，新出漢字指導をしません。

授業の中で，新しい漢字が登場したら，そこでタイミングよく新しい漢字との出会いを仕掛けます。

例えば，５年生の教科書に「なまえつけてよ」（蜂飼耳・作）という話があります。その中に，「名前をつけてと任されるなんて，初めてのことだ。」という文章が登場します。

新しい漢字は「任す」です。

この「任す」という言葉が出た時に，タイムリーに指導するのです。当然，新しい漢字を覚えてねという指導ではないです。

この漢字が，文章の中でもつ意味と深く関係させて指導します。

「任される」新しい漢字です。どんな意味ですか。

まずは，意味を問います。さっと，国語辞典・漢字辞典を子供たちは調べます。意味を調べることで，漢字はただ覚えるためのものでなく，文章の中で何らかの役割をしているということをおさえています。

漢字のもつ力＝役割を，辞書引きでしっかりと体感・実感させるように仕掛けているのです。

「任」という漢字の成り立ちは，これです。

「壬」の部分が「糸を巻きつけた象形」を表した図を見せます。教師が「成り立ち」図を示します。

糸が巻きついている→その人を信用する→その人の思うようにする，という流れで「任」のイメージをしっかりともたせます。

ここまでくると，「名前をつけてと任されるなんて，初めてのことだ。」の「任される」の意味がスーッと子供たちの中に入っていくのが分かります。

これが，漢字のもつ力を体感する瞬間です。

この後，次のようなこともします。

- 「任せる」と「頼む」の対比を辞典で調べる
- 「任」の熟語調べ→任務・任命・信任・一任など
- 部首「にんべん」の漢字調べ→使・伝・住・伸・仲・代・仕・化など

ちなみに，部首「にんべん」の漢字は授業中に行っていません。これは，低学年の時にも書いたように，朝・帰りの会や知的掲示で行っています。

後の章でも述べますが，何らかの形で「漢字の想起」を行うことができる場を仕掛けているのです。

では，低学年で行っていたような「漢字の空書き・なぞり書き」指導はしないのか。

しない。この一言です。ただ，次のような確認はします。

「任」という漢字，目をつぶって書きます。

この指示だけで，子供たちは漢字ドリルでさっと書き順を再確認します。「どうぞ」と教師が言うまで，わずか十数秒です。

子供たちは，さっと目をつぶって，空中に指鉛筆で「任」という漢字を最低3回は書きます。

1回ではなく3回以上書くということを，一つの当たり前にしています。

もちろん，一画一画をしっかり声を出して丁寧に書く姿を認め，うんと褒めます。

さすがです。全員よく揃っています。完璧です。

全員を認め褒めます。少しくらい揃っていなくても，注意することはないです。回数を積めば，どんどんよくなっていくからです。

このような「タイムリー指導の場」を積むことで，子供たちにとって**「漢字が友達」**になっていきます。

ところで，よく目にする空書き・なぞり書きなどの漢字指導はしないと言いましたが，実は，4月の最初1，2回だけはやっています。

それも国語の授業の時ではないです。新しい学年がスタートした学級活動の中で「漢字の練習の仕方」として説明しているのです。

この説明後は，次節の「子供熱中！“自分たち授業”」につながり，中学年・高学年では，

読み方・部首・書き順・熟語などは，子供たちで「事前学習」

をするように仕掛けています。

「教師主導で漢字指導」をするように仕掛けていません。

子供たちが「自主的に」漢字学習に取り組む。そんな「場」を用意しているのです。

自分たちで学び合うから，漢字が友達になる。

漢字と友達になろうと，子供たち同士が自然と声かけをし合う。友達と進んで学ぶから，漢字が面白くなると思っています。

2 漢字が友達になる仕掛け② 漢字くん紹介型指導

4月のはじめに，右上のような8つ切り画用紙サイズのものを提示します。

これは，漢字くん紹介というものです。漢字「席」の画数や書き順・読み方・部首・熟語・文での使い方を，あいているところに書き入れます。

そう言った後に，8つ切り画用紙を裏にします。

すると，右下のように必要事項を書き入れたものが登場します。

これはカラーではないですが，実は，子供たちには色を塗ったものを提示しています。

そこで，挑発します。

今から漢字ドリルなどを見て，わずか10分で先生と同じようなものを作ることができますか。できたら，100点花丸モグラが付きます。ひと工夫があると，モグラにフォークやお肉が付きます。

子供たちに，右上の白紙版を配っていきます。子供たちは「モグラ付き」をねらってやる気満々になります。評価の「100点花丸モグラ付き」は，低学年のところで述べたように，中・高学年でも使用しています。

時間は，わずか10分です。長く取らないことが大切です。集中度が増しま

す。大切なのは，１回目の時の仕掛けです。

途中だと思いますが，やめ。今回だけ，５分経ったので友達の様子を見に行ってください。
時間は止めておきます。友達の様子を見て学ぶことが大切です。いいものはマネッコするといいです。時間は，１分です。
友達のやっているものをよく見て学んでいるか，先生は見たいです。

そう言って，１分だけ子供たちに**「見て学ぶタイム」**を用意するのです。子供たちは必死に見ます。

その様子を写真に撮っておくこともします。見て学んでいる姿を「事実」として残しておき，学級通信で紹介したり後ろに掲示したりして，認め褒めます。

１分経ったところで，後半５分の再開です。

ただ10分続けるよりも，１分ほど「友達の進捗状況が分かり，息抜きにもなる時間」が入ることで，後半５分の集中度はとても高くなります。

もちろん，その姿も写真に撮ります。前半と後半の学ぶ姿や「見て学ぶタイム」の姿から見える心の様子を紹介するためです。

わずか10分ですが，全員が教師の提示したものに近い「漢字くん紹介」を完成させてしまいます。

子供たちは，何度も何度も漢字ドリルを見て，「読み方・部首・画数・書き順」などを確認しながら丁寧に書いています。

これだけで，漢字と友達になる方法を少し学びます。教師が漢字指導をするのではない。漢字は自分で調べ続けて，友達にしていくのです。

漢字がただの知り合いではだめ。今のように，一生懸命に何度も見て調べ，調べ続けるから，漢字が友達になると先生は思います。

こんな話を子供たちにしています。

漢字を友達にする姿を認め褒めた後だけに，どの子も真剣に話を聞きます。その姿もまた，うんと褒めます。

ちなみに，右のような「漢字」の部分がないＡ４サイズの紙も用意していると告げるだけで，何人もの子が「違う漢字でもやってみたい」と言います。

そこで，これが初日の宿題となります。

やり方を細かく説明する必要はないです。多い子は，10枚近く持って帰ります。これが「自主学習」へとつながっていくのです。

当然，やってきた紙は，全員掲示します。「友達の頑張り事実」を見える化すると，子供たちの学び心が高まります。

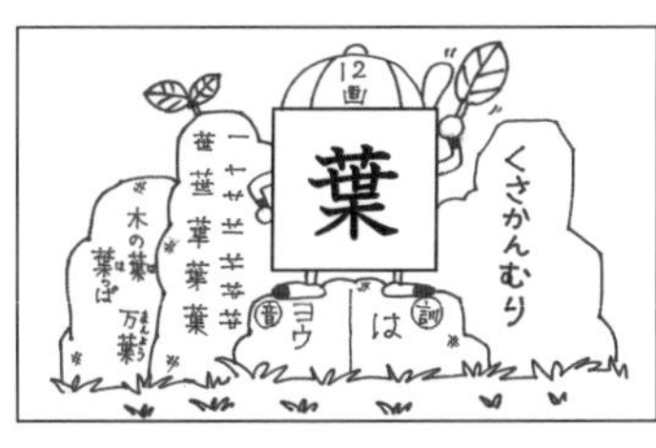

ところで，「漢字くん紹介」は１種類ではないです。

- 絵を少し変えたもの
- 「漢字練習場」があるもの
- 「つながり漢字」を書くところがあるもの

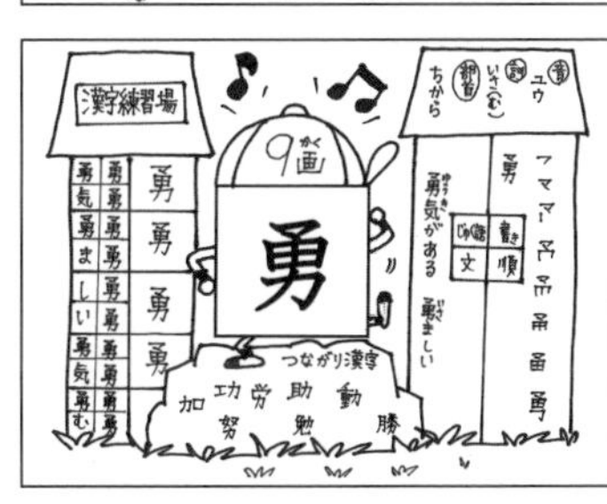

低学年で紹介した**「絵画効果」**をここでも活用しています。ほんの少しの手間で，子供たちの学びの目線が上向きになり続けます。

いろんな形の「漢字くん紹介」で，漢字と友達になろうと，漢字との出会いを楽しむのです。

更に大切にしているのが，この「漢字くん紹介」のプリントをしっかりと保存しておいて，50枚になったところで製本してあげることです。大きなホッチキスで留め，漢字くんの絵を描いた表紙を付けてあげています。

3 漢字が友達になる仕掛け③ フラッシュカード型指導

中・高学年でも「絵画効果・リズム効果・変化のあるひと手間効果」を活用します。それが，**「フラッシュカード型指導」**です。

例えば，右のようなＡ４サイズのカードを用意します。まず，裏を見せます。裏には「てつ・かねへん・13画」とだけ書いています。

「てつ，かねへん，13画！」と言って，カードの表を３秒だけ見せます。

「指鉛筆，どうぞ。」

子供たちが「鉄」という漢字を，さっと空中に３回書くことができているかを見ます。

中には，書き順を間違えている子もいます。２回しか書けなかった子もいます。

それでも，必死にやっている姿を認め褒めます。

その後に，「書き順に気をつける，スピードが更にアップして４回ぐらいおまけで書く。そうなると，モグラが２匹付きますね。楽しみです。」

そう言うだけです。

この声かけが「肥えかけ」，学び心の肥やしになって，次のフラッシュカード型指導の時に臨む構えが変わっていくのが分かります。

ちなみに，後の章で述べますが，使ったカードは「画数トランプ」として，漢字遊びの場で使用します。画数勝負・じゃんけん勝負などいろいろな形で活用します。

何度も繰り返し，既習の漢字に出会うように仕組んでいるのです。

ところで，このフラッシュカード型指導にほんの少しの手間をかけて，右のようなカードにして提示することもあります。

宝
①読み　ホウ・たから
②部首　うかんむり
③画数　八画
④熟語　国宝・財宝

裏には，先と同じように「ホウ・たから・うかんむり・８画」とだけ書いています。

そして，ぱっと表にして３秒見せます。

ここまでは同じです。

ただ，表が違います。「桃太郎と鬼，そして何も付いていない」３種類のカードを用意しています。

「絵画効果」です。

「あっ，桃太郎カードだから【宝】だ。」

「鬼の逃げ足，【速い】からなぁ。」

と覚える子もいます。

速
①読み　ソク・はや（い）
②部首　しんにょう
③画数　十画
④熟語　速度・急速

ちなみに，これもまたカード化され，子供たちが自由に使用し，遊べるようになっています。

３種類あるのは，坊主めくりとルールは同じで「鬼めくり」と称して，漢字と何度も出会うようにしているからです。

もちろん，Ａ４サイズのカードは，知的掲示物としても活躍します。

後の章で述べますが，このような知的掲示物は毎日変えます。毎日変えることで，子供たちの目が掲示物に向くからです。

何度も繰り返しますが，先の「画数トランプ」にしても「鬼めくりカード」にしても，新出漢字指導として使用することはありません。

授業の途中や終わり，朝の先生の話の時，帰りの会などの短い時間を使用して，提示します。それも，長くて５分。基本３分程度です。短い時は１分

です。**「塵も積もれば山となる・積小為大」**発想です。

少しずつ少しずつ漢字との再会を楽しませることが，漢字を友達にする大切な学びの土壌になると思っています。

更に，右のようなフラッシュカード型指導で使用する「2～15並べトランプ」もあります。

同じキャラクターの2画～15画を集めるというものです。

提示の仕方は，今までと同じです。裏には「読み・部首・画数」を書いています。表にして，指書きできるかを見るだけです。

裏から表にする瞬間，今日はどんなカードが出るかの楽しみがあると子供たちは言います。

ちなみに，これらのカードを作るのが面倒だと思う方もいるかもしれません。

そんな時には，拙著『国語授業が100倍盛り上がる！面白ワーク＆アイテム大事典』（明治図書）を使用してみていただけるとありがたいです。

ここに紹介したカードがフルに使えるようになっています。

ダウンロードして，学年・学級に合わせて少し「加工」するだけで済むと思います。

「タイムリー指導」「漢字くん紹介型指導」そして「フラッシュカード型指導」と，子供たちが漢字を「知人から友達」にしていく「場」の一つです。まずやる，そしてやり続けることが大切です。

小学校国語科授業アシスト
国語授業が100倍盛り上がる！
面白ワーク
&
アイテム
大事典
福山憲市 著
文字の差し替えでアイテムが作れるデータがダウンロードできます
教室熱中のワークと
カルタ・トランプ・カード etc.
で楽しく言葉の力を育てる！
明治図書

4 漢字が親友になる仕掛け① 1日まるごと漢字指導

漢字指導をするのは，国語の時間だけではないです。中学年・高学年では，1日まるごと漢字指導ができる場だと思っています。

例えば，3年生の社会科の教科書に，「かもつ列車が走る線路や，高速道路があるのは，船で港に入ってくる荷物を運びやすくするため。」という文があります。

一文に13種類もの漢字「列・車・走・線・路・高・速・道・船・港・荷・物・運」が出ています。

これら一つ一つの漢字を，次のように復習しています。

社会科の時間でも，国語辞典・漢字辞典を必ず引く。

「列車・線路・高速道路・船・港・荷物・運ぶ」という7つの言葉をしっかりと引かせるのです。

もちろん4月当初は，「同じ国語辞典・漢字辞典」を使わせるようにしています。図書室などから借りてきます。

同じ辞典であれば，速く引くことができた子が，ページを教えることができます。国語の授業ではないので，辞典を使って言葉を見つけることを大切にしています。そのページを全員が見つけたら，声を揃えて「意味」を読んでいます。これが**「漢字と再会する」**場です。

漢字が友達になった子供たちが，国語以外の場で「漢字と再会」する。

その回数を積めば積むほど，より漢字が身近になり**「親友」**となっていくと思って取り組んでいます。

先の一文をノートにまとめさせる時には，次ページのようにします。

- **キーワード**で書かせる
- 囲みなどを使用し，ぱっと見て**「学びのポイント」**が分かるようにする

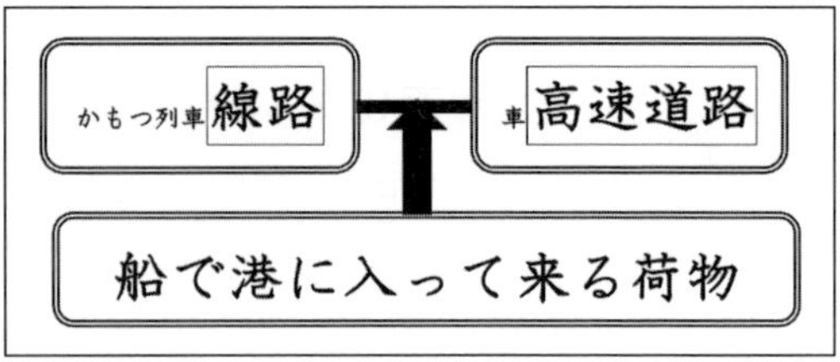

かもつ列車 線路

車 高速道路

船で港に入って来る荷物

こうすることで，国語辞典などで引いた漢字・熟語が自然と目立つようになります。もちろん，時には「色」を使って，より目立つようにします。

ところで，後の章につながるのですが，先の一文を次のように全て平仮名で提示します。

かもつれっしゃがはしるせんろや，こうそくどうろがあるのは，ふねでみなとにはいってくるにもつをはこびやすくするため。

これは「宿題」です。

線を引いた部分を漢字に変換するのです。もちろん，教科書を見て漢字を書いてもよいです。書くことを大切にしています。

変化のある繰り返しの場で，何度も漢字に再会するように仕掛けています。

時には，「下線」を引いていないことがあります。

たてものやとちのようすをわかりやすくあらわしている。

必死に，社会科の教科書の何ページに書いているかを探す子もいれば，国語辞典などを使って，漢字にできるもの全てを漢字にしてしまう子も出てきます。これを知的掲示として貼ると，教科書に書いていない漢字を書いている子に，100点花丸モグラ・フォーク付きを子供たちは発見します。

フォークが付く「工夫」に感心し，それを**「いいモノマネ」**する子が次々と出てきます。その姿を認めて，うんと褒めます。

この積み重ねで，友達だった漢字が，段々と親友になっていきます。漢字

を深く広く学ぶようになるからです。

当然，社会科だけでなく「算数・理科・音楽・図工・体育・総合・外国語活動」などでも，国語辞典・漢字辞典を使います。

うちのりが，たて20cm，横40cm の直方体の形をした水そうがあります。この水そうに深さ20cm まで水を入れると，水の体積は何Ｌになりますか。

「うちのり」という言葉が初めて出た時，すぐに国語辞典を引かせています。当然，２回目に出ても引かせます。実は，３度目までは引くように仕掛けています。**「２度あることは３度ある辞典」**と呼んでいます。

３回目となると，さっと引けます。「内法」という漢字も覚えてしまいます。実は「内は２年生。法は４年生」ですでに習っています。

こういうところで，既習の漢字がつながっていることを実感します。ここでも，漢字との再会です。どんどん友達度がアップし，漢字が親友になっていきます。

もちろん，これもまた全て平仮名で提示した宿題を出すことがあります。

うちのりが，たて20cm，よこ40cm のちょくほうたいのかたちをしたすいそうがあります。このすいそうにふかさ20cm までみずをいれると，みずのたいせきはなんＬになりますか。

ものすごく読みにくいです。これもまた，仕掛けの一つです。

全て平仮名にすることで，**漢字のよさ**に気がつくからです。漢字があると，意味が伝わりやすくなります。

国語の学習に活きてきます。特に，作文を書く時に，意識して漢字を使用する子供たちが増えてくるのです。使用すると，漢字がより身近になります。

5 漢字が親友になる仕掛け② 前もって漢字指導

「1日まるごと漢字指導」は，漢字が親友になるために欠かせない「漢字との再会＝復習」の場です。

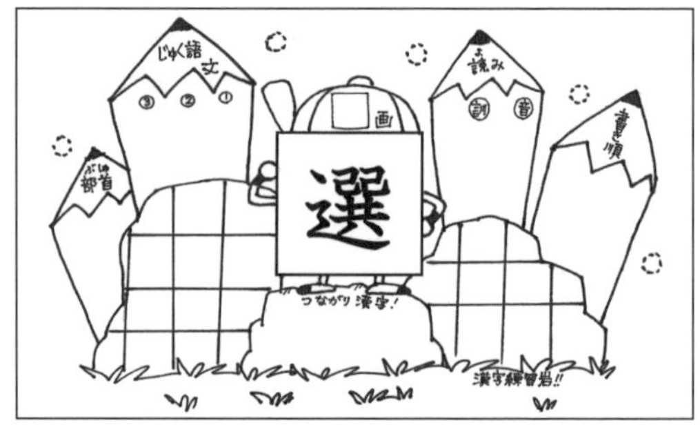

もう一つ，漢字が親友になる場として「前もって漢字＝予習」の場があります。

例えば，先に紹介した「漢字くん紹介」。

右の「選」は，まだ教えていない漢字です。ただ，その日の国語・社会・理科などで登場する漢字です。

こういう時，朝学を使って**「前もって漢字」**をさせています。

漢字ドリル・国語辞典・漢字辞典などを見て，友達と一緒にプリントの空白部分を子供たちは埋めます。

子供たちの中には，ひと工夫をして「つながり漢字」をプリントの裏まで書く子まで出てきます。

前もって登場する漢字を調べる子供たち。当然，全員が，

国語・社会・理科の授業では，さっと国語辞典の確認をしたり，意味を発表したりすることができる

のです。

低学年の時にも書きましたが，中・高学年でも**「全員力が高まる→全力が出る→前力・善力」**が生まれます。

全員が，漢字に対して前向きになる。

全員が，周りの友達を認める。友達から学ぶ。善力が自然に生まれる。

だから，漢字を学ぶ場が好きになります。漢字を覚えなさいと言われなく

ても，漢字に出会うことを楽しみます。

　この状態になることが，漢字が友達から親友になっていくことだと思っています。

　私の学級には，次のような言葉が貼ってあります。

言われてやるのは　下の下

真似してやるのは　中の中

すすんでやるのは　上の上

　これは，あるスーパーのレジの後ろに大きく貼ってあったものです。

　それを学級にも掲示しています。実はこの言葉，私が「子供たちの学び欲」を１年間かけて育てていく時に意識している，次の言葉を具体化した言葉だと思っています。その言葉は，

MUST → CAN → WILL

です。「何々しなさい。やりなさい。」と言っても，子供たちの学び欲は高まらない，育たないと思っています。

「自分**は**できる。自分**も**できる。もしかしたら，できるかもしれない。」

　そう思う場を仕掛けると「もっとやりたい。まだまだ，やり続けたい。最後までやり遂げたい。」と，子供たちの学び心が変わると信じて実践し続けています。

　実際，先の「漢字くん紹介」プリント１枚だけで，子供たちは「できたー」と大喜びします。

　そして，もっとやりたい，工夫してやりたいと言います。

「もっと丁寧にやりなさい。もっと調べなさい。」なんて言いません。

　丁寧にやっている事実や調べている事実を，うんと認めて褒めるだけです。できる事実を増やしてあげることで，進んでやる子に育っていきます。

ところで，後の章でも述べますが，この「前もって漢字＝先取り漢字」を自主学習で取り組む子が出てきます。

やり方が分かっているので，自分で進んで自主学習として取り組むことができるのです。こうなると，どんどん漢字が親友になっていきます。

前もって漢字をやった子は，学んだことをどんどん授業の中に活かしていきます。その姿を褒めることで，一段と漢字の親友化が進んでいきます。

ここまで述べたように，中・高学年では，低学年で紹介した「絵画効果・リズム効果・変化のあるひと手間効果・レベルアップ見える化効果・ゲーム感覚効果」などを活用し，タイムリーに何度も漢字と再会したり，漢字を前もって学習したりする場を設定し続けることが大切です。

ここで，しっかりとおさえておいてほしいことがあります。

> 授業のはじめに，新出漢字を指導したからといって，全員が漢字の時間が待ち遠しくなりません。漢字の練習が楽しいとも言いません。
>
> これまで紹介した「場」を設定することで，子供たちは，いつの間にか漢字を覚えてしまうものだと思っています。
>
> 「先生，漢字がすらすら出てきます。」
>
> 「先生，いつの間にか漢字を覚えていました。」
>
> 「先生，漢字を前もって学習していると，国語以外の勉強でも役に立つのが分かりました。」

漢字の時間が待ち遠しくなる。漢字を調べること，漢字の練習をすることが嫌々ながらではない。

自分は漢字を覚えることができる，調べることが楽しい，もっとやってみたいと思えるような「場」を仕掛け続けているから，少しずつ少しずつ子供たちが変わっていくのだと思います。

授業での漢字指導とは，空書き・なぞり書きで終わりではないです。教師のちょっとした指導転換で，子供たちの漢字に対する心が確実に変わります。

子供熱中！“自分たち授業”で漢字学習

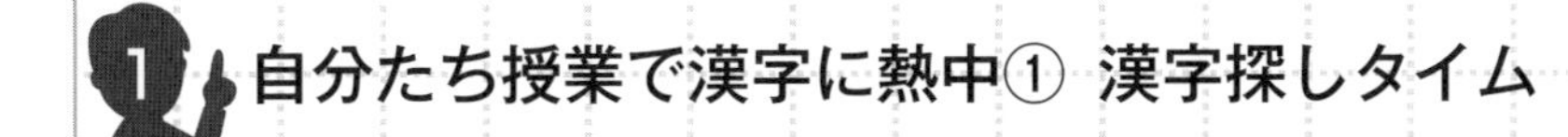

1 自分たち授業で漢字に熱中① 漢字探しタイム

中学年・高学年の子供たちは，朝学・帰り学・昼学などで**「自分たち授業」**を行っていました。

「自分たち授業」というのは，教師役を子供たちがやり，決めた内容をみんなで取り組むというものです。

右の写真は，４年生の様子です。この日は，朝学時間に１人の女の子が先生役になって，みんなに漢字の問題を出しているところです。

子供たちが「自分たち授業」で，一番多く取り組んだものが「漢字探し」です。次のような問題です。

> **国語の教科書28ページを開いてください。「飛」という漢字が20個出ています。3分で，全て見つけてください。友達と見つけてもいいです。**

日頃使っている教科書の中から，漢字を見つける。それも時間制限あり。もちろん，時間内に全てを見つけることができなくても，何も注意されません。

必死に挑戦することが大切と，子供たち全員が分かっているからです。

３分後，前に出た子供が**「フラッシュカード型指導」**を真似て，紙の裏に

「飛」の「読み方・部首・画数」を書いたものを見せ，３秒だけ「飛」を再度見せます。

その後，指鉛筆と言って，みんなに「飛」を一画一画丁寧に空書きさせています。その時の褒め言葉が面白いです。

「声が揃っています。すごい。」

「丁寧に書いています。さすがです。」

教師の日頃の言い方を真似して，しっかりとみんなを認めて褒めているのです。教師の日頃の姿が，いかに大切かを考えさせられる瞬間です。

「先生役，上手いねぇ。先生，びっくりしたよ。みんな，いい勉強になったと思います。ありがとう。」

そう言って，先生役の子の姿もうんと認めて褒めます。

ところで，漢字探しは，いろいろな形に変化します。

- 『新聞を作ろう』という勉強のページ全部から，「取材」という漢字を全て見つけてください。時間は３分です。
- 『新聞を作ろう』で習った「取材」の「材」の部首は「きへん」です。漢字辞典を使って，「きへん」の漢字を10個探してください。時間は２分です。
- 社会の教科書を出してください。26ページから30ページまでの中に，「聖徳太子」という漢字がいくつあるか探してください。時間は３分です。

これらは全て，教科書を活用して「漢字探し」に取り組ませているものです。当然，前に出た子は事前にいくつの漢字があるか，しっかりと探しています。自主学習の一つとして，しっかりと取り組んでいるのです。

だから，余裕をもって問題を出しています。

更に，友達が取り組む様子をしっかりと見ているから，先のような声かけができると思います。子供たちにとって，先生役になることも生徒役になることも，楽しい学びの場だと言います。

この「漢字探し」ですが，教科書を活用しないバージョンも出てきます。

今から，教室にある物から「漢字」を見つけてください。時間は２分です。

自由に席を離れ，いろいろな物を見て，漢字を探します。見つけたらすぐに，渡された紙に漢字を書いていきます。

２分後，先生役の子が次のような声をかけます。

今見つけた漢字の画数を数えてください。ちょうど「10画」のものがあったら，100点花丸モグラ・フォーク付きです。

ただ漢字を探すだけではなく，もう一歩突っ込んで漢字を楽しむ場を子供たちなりに用意しているのです。

この方法は，低学年の時に紹介した**「ゲーム感覚効果」**に通じるものです。素敵な方法として，子供たちをうんと褒めます。

「面白い！　ただ漢字を見つけるだけでなく，運があるかどうかを試すようにしているなんて……よく考えているなぁ。すごい。まるで，ゲームのようで楽しくなります。いいやり方，ありがとう。」

１人こういう子が出ると，いろいろな方法を考える子が出てきます。

- **「くさかんむり」**の漢字があったら，モグラ・フォーク付き
- **「あ・か・さ」**から始まる読みの漢字だったら，モグラ・フォーク付き
- **「色」**の漢字を見つけていたら，モグラ・フォーク付き

漢字探しは誰でもできるので，全員がとことん楽しむ「自分たち授業」の場です。漢字がより身近になり，友達・親友化の手助けになっています。

❷ 自分たち授業で漢字に熱中② 漢字対決・作成タイム

下の漢字対決プリントが，「自分たち授業」の中で活躍します。

先生役となった子供たちが，次のようなルール説明をします。

> **じゃんけんをして勝ったら，１つだけ漢字をなぞることができます。まずは，１回戦の方をします。時間は３分です。では，スタート。**

基本２人組です。もちろん，３人以上でやってもOKです。

ちなみに，下のプリントは３年生の漢字ですが，４年以上の子供たちも使用します。漢字との再会＝復習です。

中には，３分で全部の漢字をなぞることができない２人組も出ます。そんな時は，多くなぞっていた方が勝ちです。

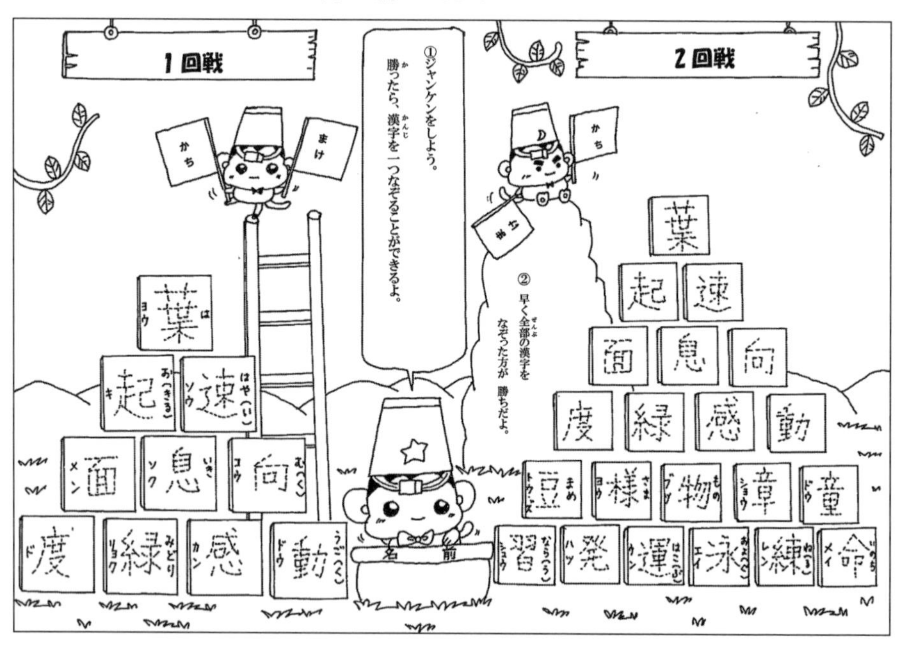

ここで大切にしているのが，なぞりを鉛筆でさせていないことです。マジックペンを使います。一発勝負です。

なぞりのための点線からはみ出さないように，丁寧になぞる。ただし，時間をかけない。時間をかけすぎると，ゲームが進まない。

「速く丁寧に」と授業中に言わなくても，こういう「場」でトレーニングをしているのです。

ところで，同じ「漢字対決」プリントを，相手を変えて2，3回やった後，ある朝学の時，先生役の子が下の「白紙版」を配ります。

今日は，なぞり問題を作ります。教科書を見ながら，四角の中に「なぞり用の漢字」を書きます。時間は５分です。１回戦から作ってください。

もちろん，全て完成する必要はないです。

作るという経験をする。なぞり漢字を書くために，教科書などを何度も見る。この事実が素晴らしいと，教師が子供たち作成のプリントを見ながら，後で話をします。

ここでも，子供たちの頑張りを認め褒めることができます。

子供たちが作成したなぞりプリントは，全員分を学級通信に紹介したり，掲示したりします。**「頑張りの見える化」**をすることで，２度褒めになると思っています。

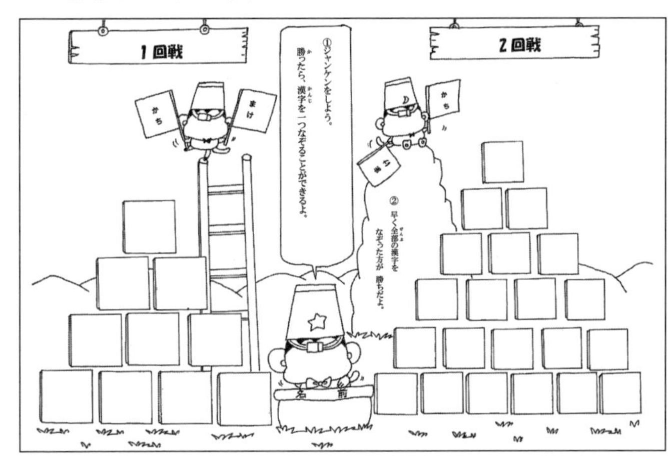

この漢字対決・作成プリントもいくつも用意しています。

右のプリントは，間違っている画数の漢字を，指定された数だけ見つけるものです。

必然的に，漢字を指書きします。

このプリントで大切にしているのは，全部見つけることができなくてもよいということです。友達とわいわい言いながら，楽しく見つける「場」にしています。

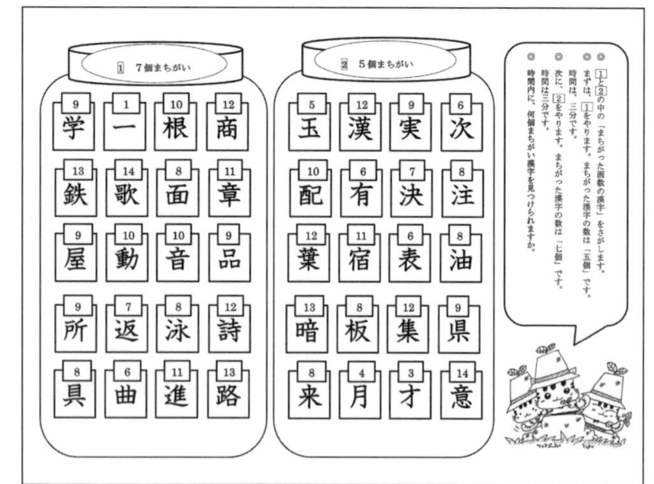

漢字対決という名前にしていますが，漢字と再会し，楽しく対決することがよいのですと4月から言い続けています。

だから，**「全員力→全力→前力・善力」**になるのだと思います。もっと言えば，自然に漢字を学んでしまう**「然力」**もこういう「場」で育っていきます。

これも同じように「白紙版」を用意しています。後の章にもつながりますが，朝学だけでなく「宿題・自学」としても活用できます。

全員が楽しんで取り組み，絶対に提出してきます。一人で何枚も出す子が出てきます。そういう「事実」を少しずつ積み上げていきます。

教師の「ちょっとしたひと手間」で，漢字との再会が，子供たちにとって「待ち遠しいもの」に変わっていくのだと実感しています。

3 自分たち授業で漢字に熱中③　辞書引きタイム

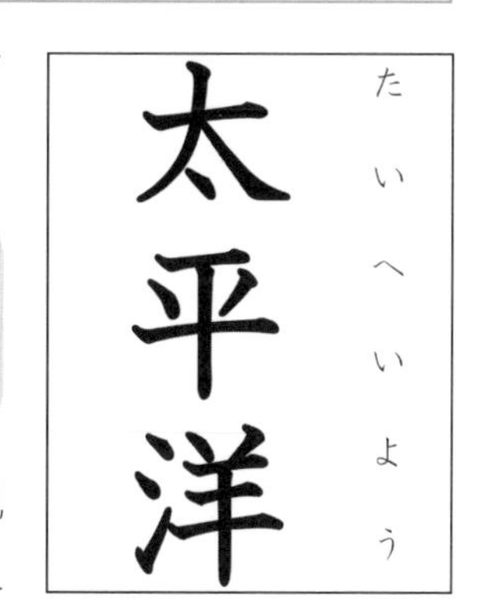

「自分たち授業」で，右の漢字を書いたＡ４サイズの紙を先生役の子が黒板に貼ります。

> **「太平洋」を辞典で調べてください。時間は，30秒です。スタート。**

日頃から辞典を引いている子供たちは，すぐに見つけることができます。もちろん，友達同士で教え合ってよいことになっています。

全員で学びを楽しむのが，「自分たち授業」だからです。競争ではないのです。

同じ辞典を使用している時には，さっとページを教えることができ，ありがとうという言葉が飛び交います。

30秒後，みんなで意味を読み合います。

「太平洋」は，社会科の授業で出た言葉です。時には，「前もって学び」＝予習として，まだ習っていないページの言葉を，先生役の子が提示することもあります。

実はこの後，**「続き辞典」**というものに子供たちは取り組みます。

> **太平洋の太・平・洋・太平を一つ一つ調べてみてください。**

一つ一つの漢字に意味があるかもしれない。出ていなくても，調べてみる。そうすることで，漢字が友達から親友になっていくのだということを，授業中でもおさえているからです。

調べてみると，

「太平」……世の中が平和に治まり穏やかなこと。また，そのさま
「洋」………大きな海，外海（陸地に囲まれていない海）

と出ています。授業中には，ここまで調べることはしていません。

ところが，子供たちは「自分たち授業」で「漢字・言葉にこだわる」時間を設けているのです。

そうすることで，漢字には意味がある。調べると面白いという「事実」に出会います。その「事実」が，子供たちの学び欲を高め，もっと調べたい，もっと知りたいという WANT の状態に変えます。

だから，漢字との出会いが楽しくなります。待ち遠しくなります。

次は，「海岸線」です。先生役の子は言います。

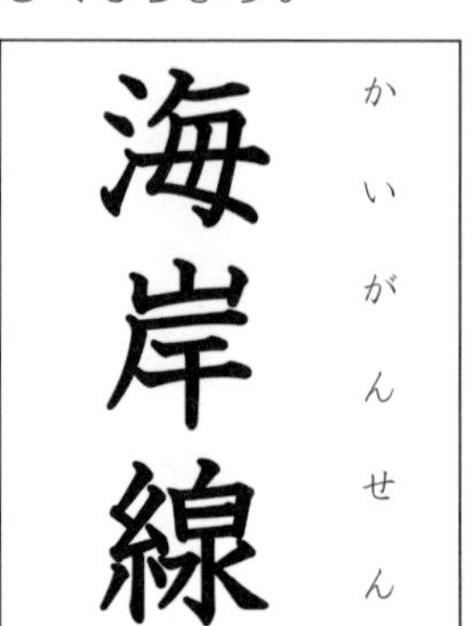

「海岸線」のほかに何を調べますか。

何を調べてくださいという MUST ではないのです。調べることができると思った子供たちは，言います。

「海岸」「海」「岸」「線」

調べる視点を，子供たちがしっかりともつようになります。

もちろん，制限時間があります。一つ調べるための制限時間は，約30秒です。

子供たちは，これを**「スピード辞典」**と呼んでいます。「スピード辞典でお願いします。」と言うのです。あっという間に，4つのことを調べて，一つ一つの漢字に意味があることを再確認します。

この「辞書引きタイム」では，社会科だけでなく，いろいろな教科の漢字を先生役の子が出してきます。

体積（たいせき）

右上は，算数の教科書に出る漢字です。

- 「体積」とは，どういう意味か
- 「体」「積」には，どんな意味があるか

これをスピード辞典で，調べて楽しみます。

その意味を，みんなで唱えます。時には，自学ノートに書いて，自学の一つにして提出してきます。

「一石二鳥学び」だと言って，うんと認めます。褒めます。

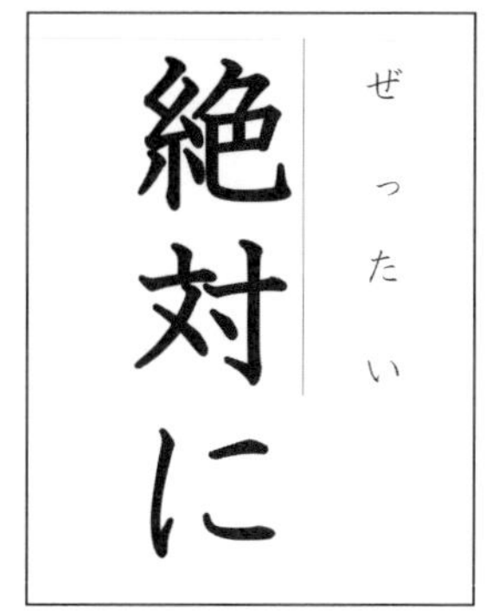

右下の「絶対に」は，国語の５年の教科書文「カレーライス」という話の中に出てくる漢字です。

物語のキーワードになる大切な漢字です。これまでと同じように，「絶対・絶・対」の意味をしっかりと調べます。

このような「場」を踏むことで，何度も言いますが，全員の力がアップしています。学び方も身についてきます。

友達の「いいモノマネ」をする子も，どんどん増えてきます。

このような体験を通して，後の章で述べる

宿題・自学

が，大きく変わってきます。やり方が見えるから，辞書引きを家でもやり，ノートにしっかりとまとめてきます。その際，**「変化のある繰り返し」**を体験しているので，自分なりの「ひと工夫」を入れる子が多く出てくるのです。

4 自分たち授業で漢字に熱中④　難問漢字検定タイム

教室には，季節の草花を置いたり，写真を貼ったりしています。子供たちに「季節感」を味わってほしいからです。

同時に「二十四節気・七十二候」も大切にしています。「睦月・如月・弥生・卯月……」などの旧暦の言い方も貼っています。

初候

東風解氷

中学年以上になると，右のような難漢字を「自分たち授業」で出してくることがあります。

実は「布石」として，何度か「朝の話」の時に，こういう難漢字を子供たちに提示しているのです。

「ひがしかぜとくこおり」と多くの子供たちが読みます。その読もうという心を褒めます。

もちろん，簡単には読めません。読めない漢字との出会いも，子供たちに必要なことだと思って仕掛けているのです。

ちなみに，先の漢字は「はるかぜこおりをとく」です。七十二候の一つです。子供たちは「立春・春分」などは知っているのですが，さすがに七十二候になると知りません。

後の章でも述べますが，こういう日本の文化に触れさせるために，教室には「二十四節気・七十二候」に関する本やカレンダーを置いています。

子供たちが自由に「季節感」を本やカレンダーからも感じることができるようにしているのです。こういう「場」があると，

1時間目・2時間目……だけでなく，学校にいる時間全てが「授業」。いつでもどこでも，学ぶ場がある。

そう感じる子供たちが増えてきます。

子供たちの**「学び心の土壌を耕す場」**になっています。

子供たちは，「自分たち授業」で同じ問題を，日を変えて提示しています。一度で終わりではないのです。

「変化のある繰り返し効果」をねらって，時間が経っても覚えているかを検定しています。

次候

黄鶯睍睆

末候

魚上氷

この難漢字を，半分以上の人が読むことができたら，検定合格。

子供たちは，そう決めています。

ここは，全員ではないのです。全員だと「覚えなくてはいけない」というMUSTの気持ちになってしまいます。

「覚えることができるかもしれない」その程度でよいものです。子供たちにも，全員にしなかったことをうんと褒めています。

時には，全員が読めることもあります。その時は，みんなで大喜びします。「喜びを分かち合えば倍になる」発想です。

こういう「場」が，前力・善力・然力を強くしていくのだと思います。

このような難問漢字検定が「自分たち授業」であると，後の章の「自学」が変わります。すき間の時間があると，学級文庫にある「二十四節気・七十二候」の本を読んだり，図書室で借りてきたりして，ノートに写しています。

やりなさいと言わなくても，進んで覚えようと努力する

のです。まさに，アクティブラーナーです。進んで学ぶ子供たちに**「変心」**です。心が大きく変わっていくのです。

二十四節気・七十二候以外にも，季節に通じる難漢字問題を「自分たち授業」で登場させます。

それが，右のような植物問題です。

もちろん，教科書で扱うものではないです。

土筆・薺
蒲公英

面白いのは，ヒントとして「植物の写真」を数秒見せる子供たちです。図書室から，しっかりと図鑑を借りてきます。ヒントがあるだけで，友達同士教え合い，全員が答えることができるようになります。

それを，みんなで喜び合います。そんな姿を教師は，後でうんと褒めます。

更に面白いのは，右のような難漢字を

保護者に問題として出す

子供たちが多いことです。

芹　御形
菘　蘿蔔

これも後に述べますが，**「親子自学」**というものに変わっていく一歩です。

ちなみに，これらは全て「春の草花」の難漢字。これを保護者に出すだけで，親から褒められたという子が増えます。4月一番はじめの学級通信に，

教育は共育・協育・興育・驚育・響育

だと，しっかり書きます。教師が認め褒める以上に，保護者の皆さんが認めて，我が子を褒めてあげてくださいと書きます。

「自分たち授業」は，このような**「親子自学・共育・協育・興育・驚育・響育」**にもつながっていく大切な学びの「場」なのです。

5 自分たち授業で漢字に熱中⑤ 漢字カードタイム

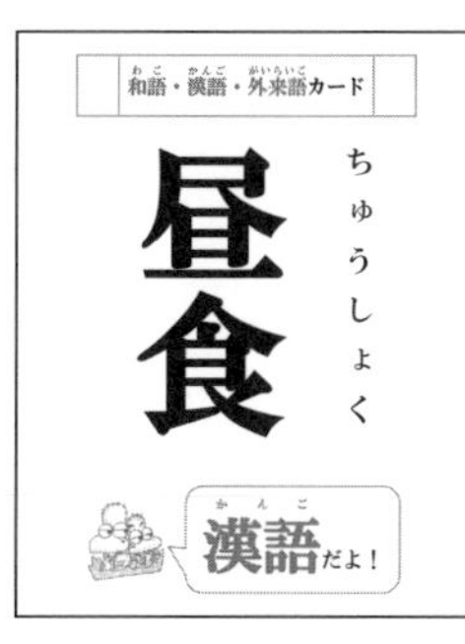

先に紹介した拙著『面白ワーク＆アイテム大事典』には，右のような「和語・漢語・外来語カード」がワンセット入っています。

子供たちは，このカードを使って「自分たち授業」を楽しみます。

ルールは，基本的には**「神経衰弱」**と同じです。

- 「場」に，和語・漢語・外来語のカードを並べる。
- じゃんけんをして，誰から３枚引くか決める。
- ３枚が仲間のカードを引くと，ゲットできる。
- １回を５分と決めて，実施する。

２枚揃えなら簡単ですが，３枚となるとなかなか揃いません。

５分経った時，１組も揃わない人はたくさんいます。だから，面白いと子供たちが言います。

難漢字と同じです。なかなかできない。でも，偶然揃う時がある。その時の喜びが大きいのです。

「すごい！　よく揃ったね。」

そんな声かけが飛び交うことも，「自分たち授業」のよさです。

ちなみに，何度も「昼食・昼」という漢字と出会うので，自然と漢字を覚えてしまいます。

「ゲーム感覚効果」がここにあります。楽しみながら漢字と再会＝復習。これは，帰り学びの時に行うことが多いです。

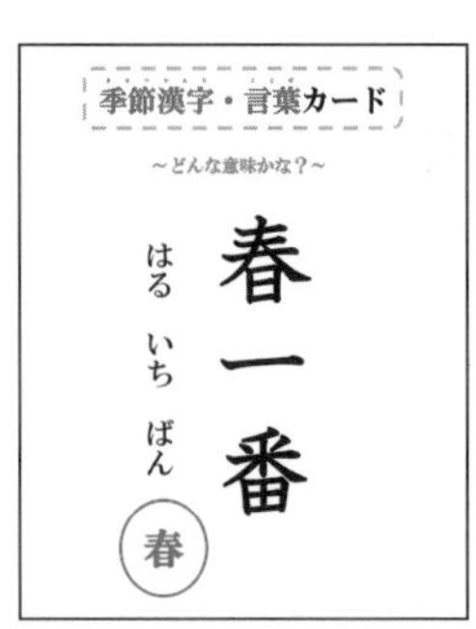

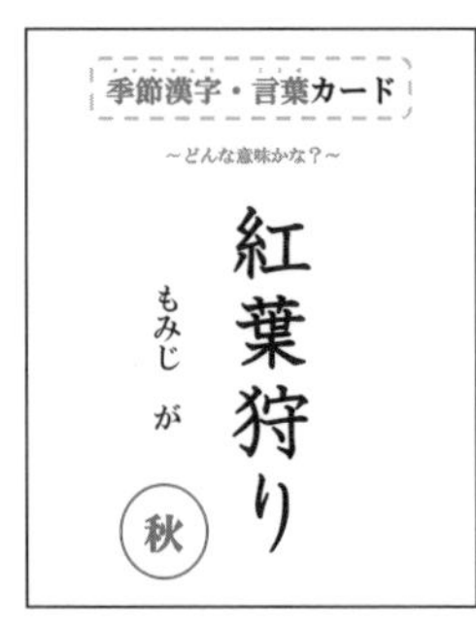

先の拙著の中には「季節漢字・言葉」をカードにして，たくさん紹介しています。

このカードを全員分，画用紙に印刷してあります。時間がある時は，ラミネートしています。

これもまた，子供たちは「自分たち授業」で活用します。

次のように，変化のある繰り返しで活用しています。基本，続けて同じものを使いません。

先の「和語・漢語・外来語カード」を使ったら，難問漢字検定・漢字探し・漢字対決・辞書引きタイムを行って，その後に「季節漢字・言葉カード」です。

学びの目線が変わるように，子供たちなりに学びのシステムをつくっているのです。その方法を，うんと褒めます。ちなみに，このカードのルールは，以下のようなものです。

- ３人以上のグループになる。
- 「せーの」で手持ちのカードから１枚前に出す。
- 出たカードの季節が全員同じだったら，カードを場に出すことができる。
- 制限時間３分で，何回揃ったかを数える。

３人以上なので，なかなか「季節」が揃うことは難しいです。

これもまた，難しいから面白いと子供たちは言います。一つも揃わないこともあります。それだけに，季節が揃った時の喜びが大きいです。

更に，「表現技法カード」というものも，拙著の中にワンセット入っています。ダウンロードをして，印刷するだけです。

　これは，漢字だけを学習するのではなく，漢字と再会をしながら，表現技法にも目が行くというものです。

　「一石二鳥学び」のカードなのです。

　このカードは，低学年でも使っています。

　低学年の子供たちでも，「自分たち授業」でカード学びをすることはできます。

　このカードは，今までのカードのルール，

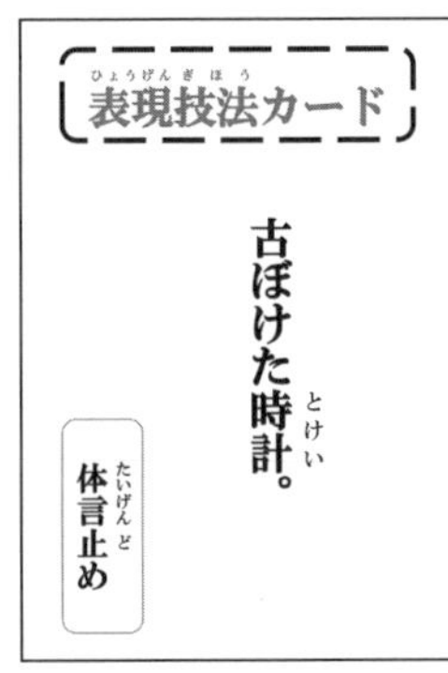

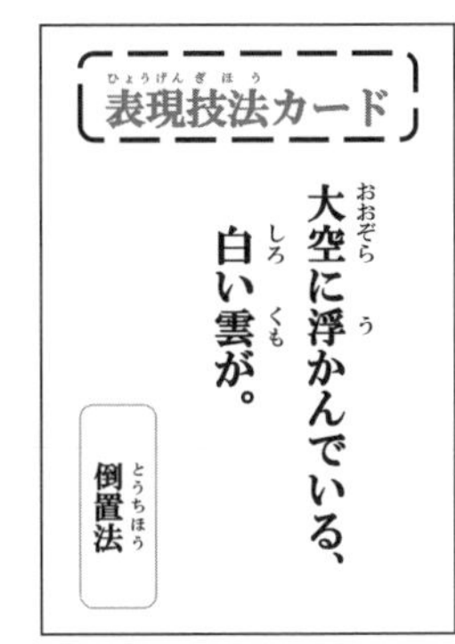

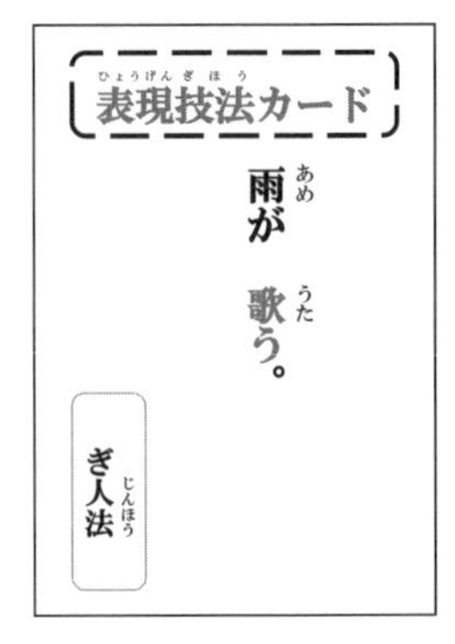

- 神経衰弱型
- 「せーの」で出す型

の両方で子供たちは楽しみます。神経衰弱型は，２枚引いて「同じ表現技法」だったら手元に取ることができます。

　「せーの」で出す型の場合ですが，この場合は２人以上で取り組み，「同じ表現技法」だったら，場に出せることになります。

　共に制限時間は３分から５分。学年の実態に応じて，子供たちが時間を変えています。ちなみに，揃った時には「比ゆが揃った」「ぎ人法が揃った」と言うといいねぇと，アドバイスしています。唱えることで，カードを見る。漢字を見る。漢字を自然と覚える場になるのです。

1章
学びのキーワード

- □ 声かけは肥えかけ
- □ 学び欲の肥やし
- □ ほんの少しの手間
- □ 部分掲示
- □ 喜びを分かち合えば倍になる
- □ ひと手間
- □ 絵画効果
- □ ヒント言葉
- □ リズム効果
- □ ラーニング・パターン
- □ 学びの中の遊び
- □ ゲーム感覚効果
- □ 学級の学び心の土壌
- □ 前力・善力・然力
- □ 100点花丸モグラ付き評価
- □ いい習慣
- □ いい当たり前
- □ 変化のあるひと手間効果
- □ スピード空書き
- □ つながり漢字
- □ 説明力
- □ レベルアップ見える化効果
- □ タイムリー指導
- □ 漢字くん紹介型指導
- □ 見て学ぶタイム
- □ フラッシュカード型指導
- □ 塵も積もれば山となる発想
- □ 積小為大発想
- □ １日まるごと漢字指導
- □ 学びのポイント
- □ ２度あることは３度ある辞典
- □ 前もって漢字
- □ MUST → CAN → WILL
- □ 続き辞典
- □ スピード辞典
- □ 一石二鳥学び
- □ 変化のある繰り返し
- □ 学び心の土壌を耕す場
- □ 変心
- □ 親子自学
- □ 共育・協育・興育・驚育・響育

2章

どの子も漢字の時間が待ち遠しくなる！「教室環境」で漢字指導

2章
学びのフローチャート

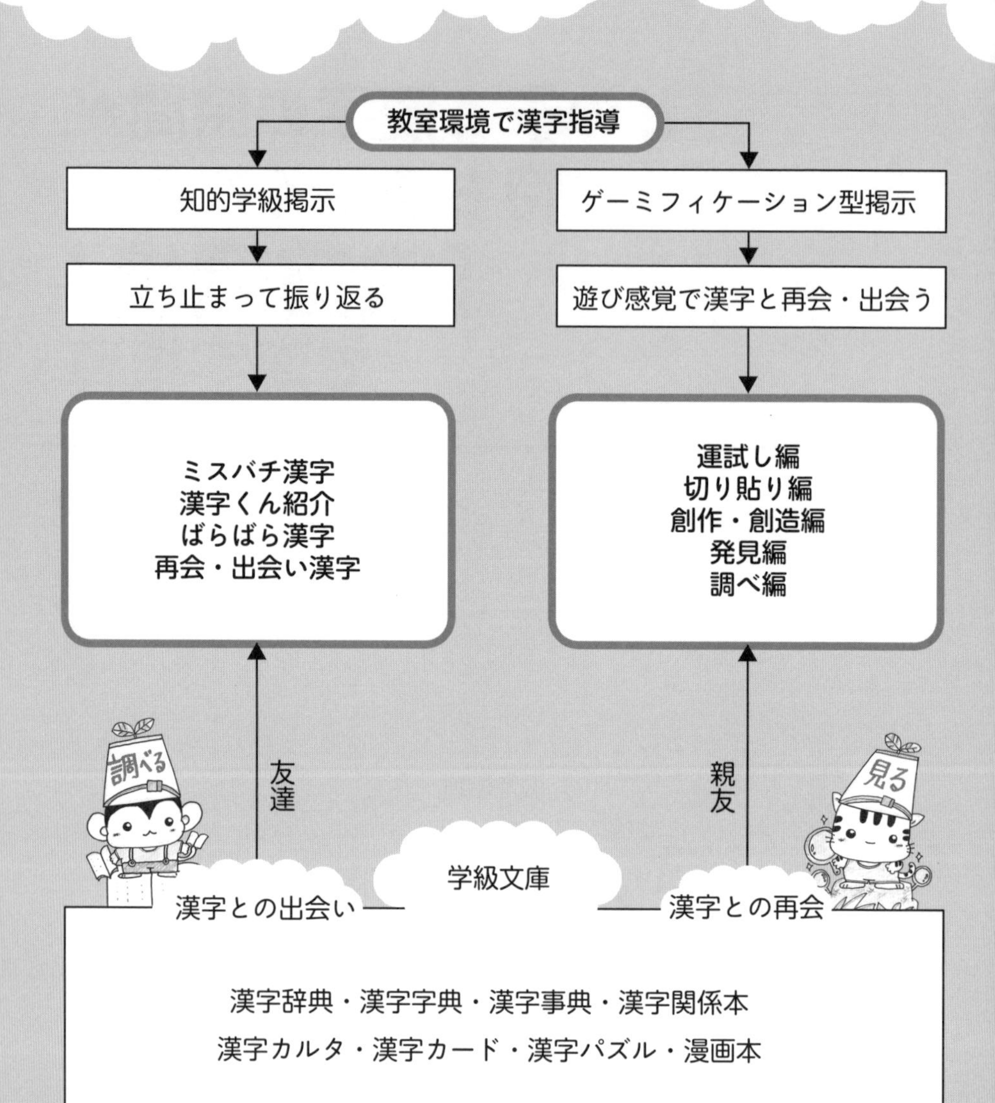

教室環境で漢字指導
知的学級掲示
立ち止まって振り返る
ミスバチ漢字
漢字くん紹介
ばらばら漢字
再会・出会い漢字
ゲーミフィケーション型掲示
遊び感覚で漢字と再会・出会う
運試し編
切り貼り編
創作・創造編
発見編
調べ編
友達
親友
調べる
見る
学級文庫
漢字との出会い
漢字との再会
漢字辞典・漢字字典・漢字事典・漢字関係本
漢字カルタ・漢字カード・漢字パズル・漫画本

資料にひと工夫！「知的学級掲示」で漢字指導

1 授業に登場すると「知的学級掲示」で再登場！

「変化のあるひと手間効果」（p.20～）のところで紹介した漢字絵カード。右上のような絵カードを見せると，子供たちは漢字を浮かべます。

この漢字絵カードを見せただけで，子供たちから次々と浮かんだ漢字が発表されます。

わずか3分で，軽く20個以上の漢字が出てきます。

> 漢字絵カードと，3分で出た漢字を書いたカードを「知的学級掲示」として貼る。

場所は，教室の後ろ・横・出入口・廊下といろいろです。その時その場所に貼ってある，他の掲示物の様子によって変えます。

ちなみに，右下のカードの漢字の部分には，右のような紙を貼ってあります。漢字が浮かんだら，めくる。

自分が浮かべた漢字があるか確かめます。

> 漢字がうかんだら
> めくってみてね。

目・口・手・足・葉・耳・頭・顔・
岩・黒・空・山・木・根・動く・一・
二・三・四・五・六・七・八・九・十
光・話す・野原・円い・遠い・近い・
音・上・下・絵・楽しい・喜ぶ・犬・
固い・高い・晴れ・重い・風・友・
鼻・日・後ろ・体・積む・首・曲がる

ただ書いてある漢字を見るよりも，めくるという行動で「漢字との再会」を**ゲーム感覚**で楽しむことができるように仕掛けています。

もちろん，めくることが学ぶことになることを伝え，めくっている姿をうんと認めて褒めます。

中には，１日で２回，３回とめくる子がいます。ちなみに，この漢字絵カードは，１日で外します。そして，

何日か経った時に，また同じ絵カードを活用

します。そうすることを続けていると，貼られた漢字絵カードや出てきた漢字のカードは１日しか貼られない。また，同じ絵カードが登場する。このことを，いちいち細かく説明しなくても自然と体感し，貼られたカードを大切に見る子が増えてきます。

貼ったものが，あっという間に消える。「その瞬間」を大切にする。これを私の学級では**「一瞬懸命」**と呼んでいます。

「一瞬懸命」は，**学びの合言葉**として，子供たちの中に浸透していきます。

右の「知的学級掲示」は，廊下に貼ったものです。

授業の中で「季節感」を扱った際に，「粥」という字を何と読むか。更に，春の七草との関係で「清白・蘿蔔」と「鈴菜・菘」を提示したのです。

１章で紹介した「難問漢字検定」(p.50) につながるものです。

廊下に貼った知的学級掲示は，３日ぐらい貼っておきます。それは，他の学級・学年の子供たちと「対話・会話」するきっかけにもなるからです。

「これ，かゆって読むんだよ。弓の部分は，湯気を表しているって。」

こんな声が聞こえてきます。これが，ただの掲示ではなく「知的学級掲

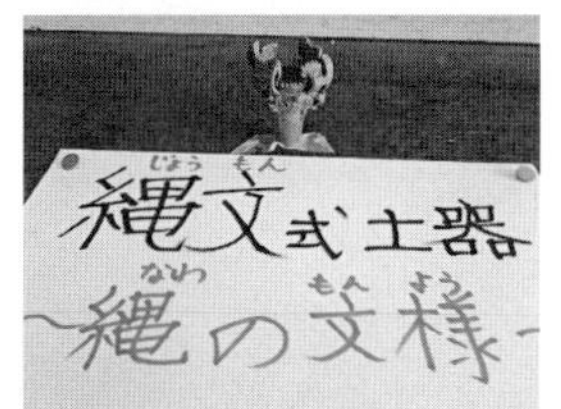

示」と呼んでいる所以です。

例えば，こんなものも「知的学級掲示」の仲間です。ミニチュアの土器をテープで固定して掲示。

そのそばに，漢字でしっかりと「大切な言葉」を書いています。これを何度も見ているか，社会科の授業のたびに，「弥生式土器・煮る・貯める」などの漢字を提示します。

もちろん，さっと読めます。声が揃っていたら，うんと認め褒めます。「よく見ているから，さっと答えられますね。それに声が揃っている。さすがです。」と，声かけします。

知的学級掲示は，「見なさい」ではなく，見たくなるように仕掛ける。

これは **「MUST → CAN → WILL」** を意識しているのです。

よく見ていたら，簡単に答えることができる。

もっと見ておこうと思わせることが **「教師のちょっとのひと手間」** だと思っています。

その他，授業の中で活かすために，朝の話や帰りの時によく提示する右のようなカード。

もちろん，毎日カードを変えます。

「昨日のカード，何だった？」

よく尋ねます。はじめの頃は，見ていない子が結構います。そんな時は，ちらっと３秒だけ見せます。

それを何度か繰り返しているうちに，知的掲示されたカードをよく見て，自学ノートに写す子が増えます。記録することの大切さも学ぶのです。

② 立ち止まって考える「ミスバチ漢字」

知的学級掲示には，右のようなものが貼ってあります。

これを**「ミスバチ漢字」**と呼んでいます。

ミツバチではないです。ミスバチです。体や羽に書いてある漢字などは，どこかミスがあります。

どこか分かりますか。

この「ミスバチ」を貼った最初の頃は，いくつミスがあるか「針の部分」に書いています。

段々と慣れてきたら，いくつミスがあるかは秘密です。

いくつあるか，友達と「対話・会話」するように仕掛けているのです。

> いき（おい）→いきお（い）

こういう「ミス」にすぐに気がつくか。子供たちは，立ち止まってわいわい言い合っています。

ちなみに，この「ミスバチ漢字」は４つのミスがあります。

「ミスバチ漢字」は，帰りには外します。外す時に，どこが「ミス」だったかを子供たちに聞きます。

子供たちは，実によく見ています。教え合っています。

ここでも，全員が手を挙げることができます。もちろん，うんと認め褒める「場」です。

「ミスバチ漢字」をすることで，「ここ，間違わないようにね。」と言う必要がないのです。ミスしやすいところを問題に出すことが，先の言葉の代わりになっています。

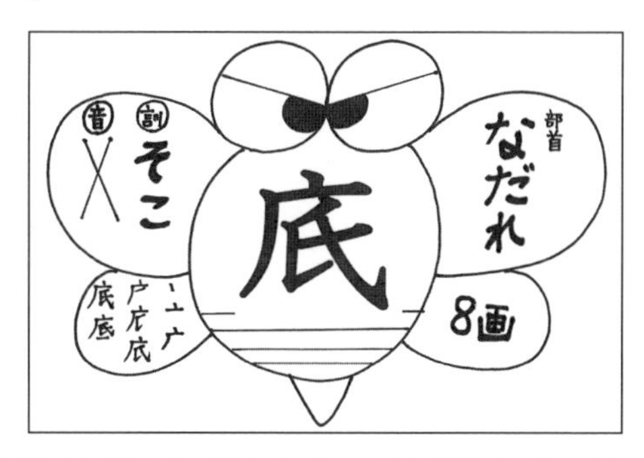

今日は，どんなミスバチが貼ってあるだろうと，ミスバチ漢字を子供たちは楽しみにします。

これもまた，教室の後ろ・横・出入口・廊下・階段などいろいろな場所に貼ります。

違う学級・学年の子も立ち止まってミス探しに夢中になってくれます。その姿をパチリッ！ 学級通信などで知らせることで，子供たちの**「一瞬懸命」**な姿が伝わります。

対話・会話している姿には，笑顔があります。**「一笑懸命」**です。一瞬を笑顔で楽しむ，これが知的学級掲示のよさです。

だから，漢字がより身近になり，知人から友達，そして親友になっていくのだと思っています。

ところで，上の「ミスバチ漢字」ですが，４つのミスがあります。今回は，漢字自体も間違っています。

いろいろなところにミスがある。「ほんのちょっとのひと手間」で，漢字に対する見方が変わっていくのが，面白いです。

ミスバチ漢字は，パワーアップします。

王様ミスバチになると，間違いの数が増えます。数も書いていないので，立ち止まって必死に探します。

友達と対話・会話しながら探します。中には，漢字辞典を使って，きっちり調べる子もいます。そんな子は，自学ノートに「調べたこと」を書いてまとめます。

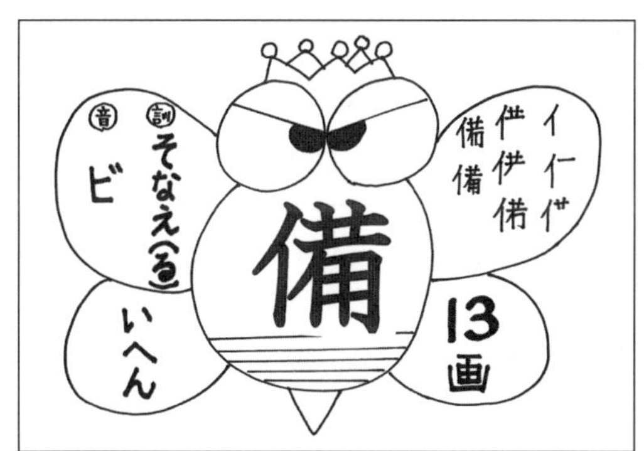

右の「ミスバチ漢字」には，問題が書いてありません。

これは，子供たちが**自作する用**です。

この場合は「拝・郵」と，漢字を指定して作らせています。

同じ漢字だと，友達がどんな「ミス」にして問題づくりをしているか，楽しみになります。友達の作品を必死に見て，学びます。

子供たち自作の「ミスバチ漢字」は，全員分を必ず後ろに貼ります。

すると，みんな立ち止まって，しっかりと見ます。その「見る姿・目」をうんと褒めます。

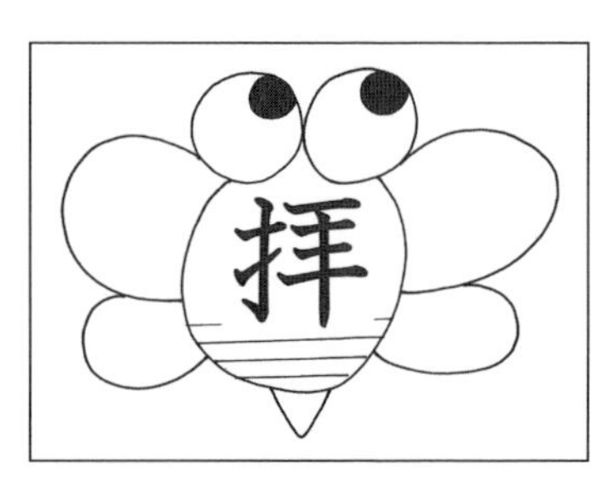

人のミスバチ漢字をじっと見て**「作り方を学び→真似をする」**。学ぶ姿が進化・深化・広化していくことで，漢字との再会・出会いが，一段と楽しくなると言います。

更に，右の王様ミスバチ漢字は，漢字を指定せずに作ってもらいます。

後の章の「宿題」の一つです。

今の学年を越えて，既習の漢字から問題を出す。
→漢字との再会＝復習になる。

面白いのは，この「ミスバチ漢字」に「花」を描く子が出ることです。その「花」の中には，ミスバチ漢字を使った「文」を書いています。

その中にも「ミス」があるように作っています。より注意深く見なくてはいけないのです。子供たちなりのひと手間を感じる「場」です。

3 子供たちが作成する「漢字くん紹介」

１章で紹介した「漢字くん紹介型指導」(p.29～)。

そこでも紹介したように「漢字くん紹介」プリントは，「知的学級掲示」となって，子供たちと漢字との再会を楽しませます。漢字を友達にします。

例えば，右のような一枚の「白紙版漢字くん紹介」プリントを子供たちに配ります。

朝学の課題でもよいですし，「自分たち授業」のネタとして子供たちに渡してもよいです。もちろん，宿題として出してもよいです。

使い方は，全く自由です。

□の中の「漢字」を下のように指定します。時には，自由に調べたい漢字に取り組ませてもよいです。

- くさかんむりの漢字くん紹介をお願いします
- ３年生の漢字くん紹介をお願いします
- 10画の漢字くん紹介をお願いします
- 教室で見つけた「漢字」の漢字くん紹介をお願いします　　など

いろんな形の「漢字くん紹介」に取り組むことができます。

そうすることで，子供たちと「漢字との出会い」が広がります。

ちなみに，「漢字くん紹介」プリントの書き方は自由です。岩の中に，何を書いてもよいです。基本が**「読み方・部首・画数・書き順」**というのは，子供たちは今までの経験で知っています。

基本の項目以外に，

- 同じ読み方をする漢字　・同じ部分をもつ漢字
- 文章の中での使い方　・漢字の成り立ち　・漢字の意味　など

を付け加える子が，たくさん出てきます。そのプリントには，先のプリントの岩を３つから５つ，６つと増やしています。
子供たちなりの「ちょっとしたひと手間」です。
それを「知的学級掲示」として，全員分を貼る。全員力を大切にしているので，どの「漢字くん紹介」プリントからも，学ぶところがあると子供たちに話をしています。
ただ「ちょっとしたひと手間」があったプリントには，先に紹介した評価**「100点花丸モグラ・フォーク」**などを付けています。
知的学級掲示のそばには，

学ぶは　真似ぶ。真似る力は，学ぶ力をアップする。

と書いた紙を貼っています。**「いいモノマネ・マネッコ」**がよいと，常に言い続けています。
先の「漢字くん紹介」プリントですが，子供たちは必ずと言っていいほど，色を塗ります。
同じ絵でも，色が違うと漢字が違って見えます。それがまた，見ていて楽しいです。色彩感覚を磨く場にも，なっています。
「うわー，この色いい。真似しよう！」
「この色の塗り方，上手ー。どうやったか，聞いてみよう。」
こんな声も聞こえます。
知的学級掲示「漢字くん紹介」は，漢字との再会を楽しませるだけでなく，友達から学ぶ，友達と対話することを自然と促すのです。

「漢字くん紹介」プリントには，右のように，いろいろな絵を用意しています。

これもまた，１章の「絵画効果」(p.11～) です。

漢字を紹介するという基本は変わらないものの，絵が変わるだけで，何となく楽しいと子供たちは言います。

いろいろな絵があることで，一番下のように□だけの紙を渡しても，自分で好きなように「漢字くん紹介」プリントを作ってしまいます。

ただ漢字の紹介をするだけでなく**「一石二鳥学び」**で，絵を楽しむことにもなります。

その際，友達と対話・会話をして「どんな絵にする？」とよく相談しているのです。その姿を褒めます。

友達と**「考動（考えて動く）」**姿は学びレベルがとても高いと話しています。

これがきっかけで，自学ノートにオリジナルの「漢字くん紹介」をしてくる子が増えます。

子供たちがもっとやりたくなる「漢字くん紹介」。いろいろな掲示場所に，毎日違う漢字くんが貼られます。

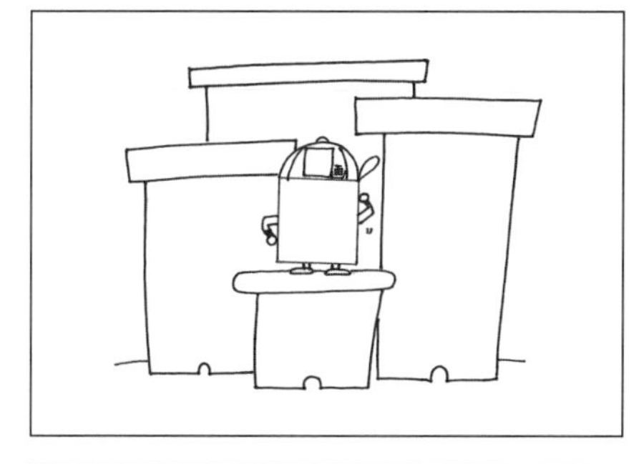

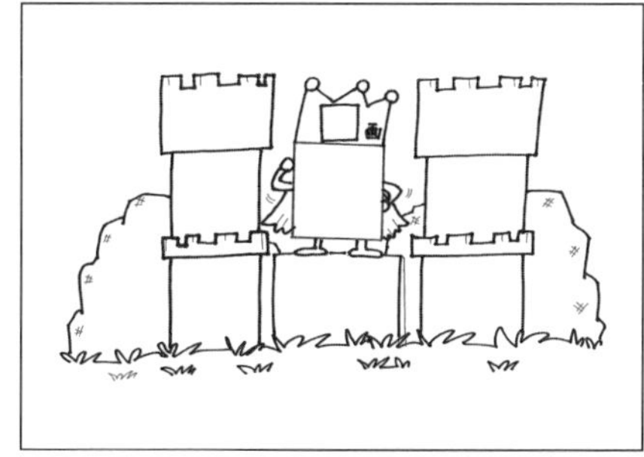

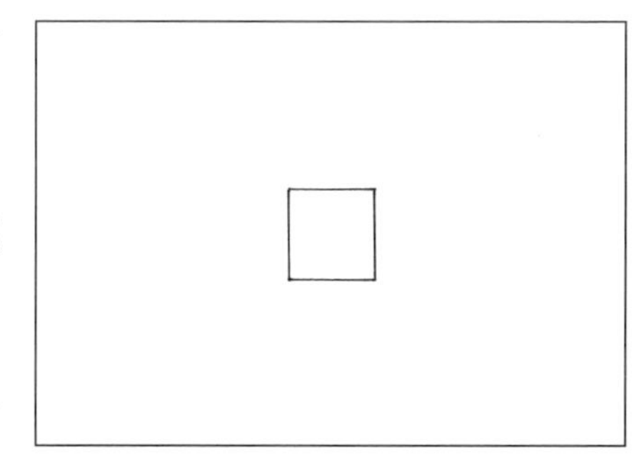

4 想像力を働かせる「ばらばら漢字」

右のようなＢ４サイズの紙を掲示しています。

> ある漢字を，ばらばらに４つにしたものです。

子供たちは，この紙の前で立ち止まります。何という漢字が出来上がるか，想像力を働かせます。

友達同士で，いろいろな考えを出し合う姿が見られます。

この紙を**「ばらばら漢字」**と呼んでいます。朝の話や帰りの時，授業の途中などに「ばらばら漢字」を提示しているので，子供たちはどういう仕組みなのか分かっています。

ちなみに，４つの隅を一つ一つ折っていくと「古」という漢字が出来上がります。子供たちは，４つの隅をよく見ると，ばらばらにする前の漢字のヒントがあると，必死に隅を見ます。その姿を認めて褒めます。

「口の部分」「十の部分」に目をつけて，「古」という漢字を想像します。

答えは，帰りに紹介します。

この「ばらばら漢字」も１日で外すからです。

もちろん，貼ってあるのは１枚だけではないです。

作るのは簡単なので，一日に多い時には，10枚の「ばらばら漢字」を貼っておくことがあります。

「漢字くん紹介」同様，子供たちは立ち止まって考えます。

- 今の学習で，よく出てくる漢字
- 今まで習った漢字

２種類あります。意外と，１年生の漢字は，ばらばらになると難しいです。

画数が，少ないからです。漢字の特徴を示す部分があまりないので，難しい漢字よりも考えます。

この２つの「ばらばら漢字」は，上が「蒸」で，下が「千」です。

共に，結構子供たちの想像する頭を悩ませたものです。

これらの「ばらばら漢字」は，廊下に貼った場合は，自由に組み立ててよいことになっています。触ることで，漢字がより身近になります。といっても，廊下掲示も長くて２日です。あっという間に消えます。

そのことを知っているので，子供たちは短い期間を大切に，しっかりと触ります。

「今日，ばらばら漢字を組み立てた人？（手が挙がる）ありがとう。学びの機会をよく活かしますね。さすがです。」

当然，１回・２回の使用で終わりではないです。１ヶ月後でも，２ヶ月後でも，何度でも「知的学級掲示」として使えます。漢字との再会＝復習を何度も仕掛けるのです。

この「ばらばら漢字」も「漢字くん紹介」と同じように，子供たちがあっという間に作ってしまいます。

- 右のように，点線の部分を折る。
  （一度，やって見せる）
- すると，下のようなひし形ができる。
- 向きを変えて，そこに鉛筆で薄く「漢字」を書く。
  （いきなり，マジックで書くと，下に写ってしまう）
- 折った４つを元に戻して，薄い鉛筆の跡を，マジックでなぞる。

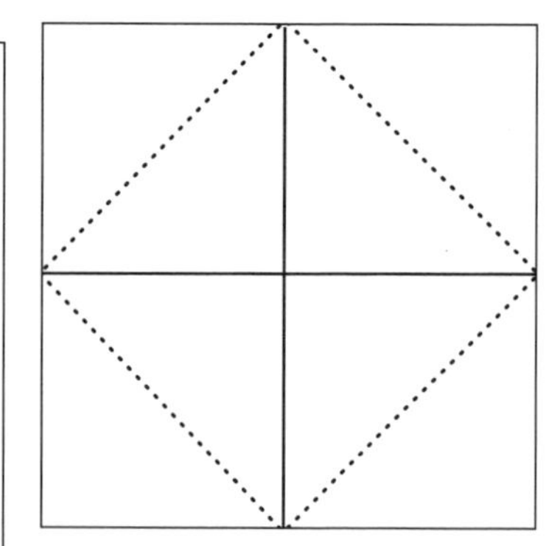

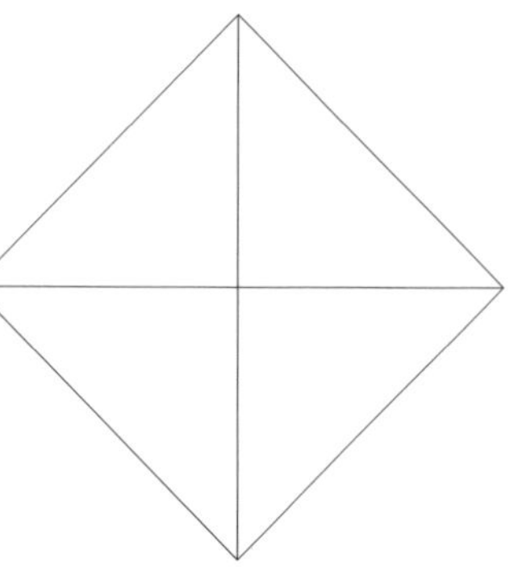

やり方を見せると，そんなに難しくないことが分かります。

子供たち全員が作ったものを，知的学級掲示として貼る。こういう時は，必ず全員です。

いろんな「ばらばら漢字」が登場します。

子供たちが作ったものを廊下に貼ると，楽しそうに組み立てる子の姿を見ます。

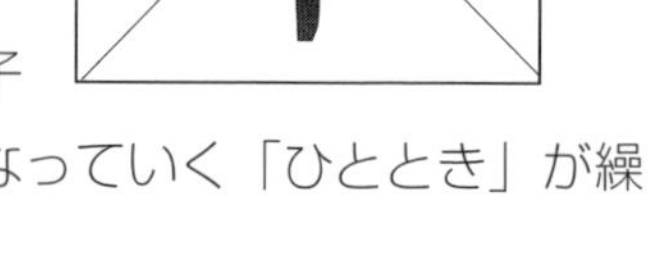

漢字が楽しくなる，待ち遠しくなるのは，何度も書きますが「MUST」ではなく「CAN・WILL」の場があるからだと思っています。

覚えなさい，練習しなさいと言わなくても，子供たちにとって，漢字がどんどん身近なものになっていく「ひととき」が繰り返し巻き返し，用意されているのです。

5 他教科のまとめ掲示で「再会・出会い漢字」

写真は，社会科の「まとめ掲示」です。これを「知的学級掲示」として貼っています。授業で使用したものを，そのまま活用しています。

> 推古天皇・遣隋使・法隆寺・冠位十二階・租庸調・飛鳥時代

など，たくさんの漢字が登場しています。難しい漢字には，全てふり仮名を付けています。

推古天皇の推・皇は6年。古は2年，天は1年の漢字です。

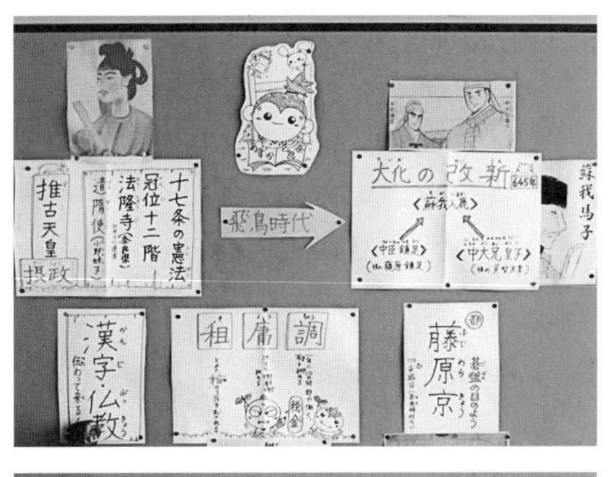

既習の漢字との再会，または新しい漢字との出会いです。

国語以外の「知的学級掲示」で，漢字との再会・出会いを仕掛ける。

これらの「まとめ掲示」は，ただ貼るだけではないです。

次の社会科の授業のはじめに，知的掲示に登場している漢字だけを提示します。

読むことができるか，問題として出します。

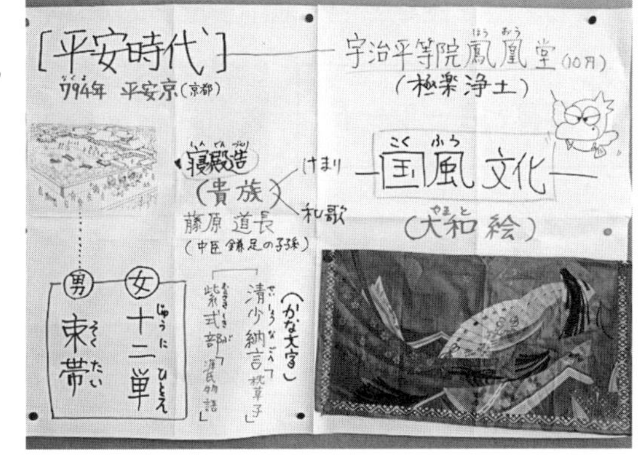

1問目を出した後，こう言

っています。

30秒だけ，後ろの掲示を見ていいです。この中から，５問問題を出します。全て解ける人，いるかなぁ。

挑発です。もちろん，友達と相談は可です。友達と教え合う・学び合うことで，学びが深くなると話しているからです。

「遣隋使・租庸調・束帯・十二単・宇治平等院鳳凰堂」という歴史難用語を敢えて出します。

子供たちは，さっと相談します。相談タイムは３秒と決めているからです。相談タイムといっても，確認です。分からない人がいたら，さっと教える。そのスピード感を大切にしています。

これが，高学年の**「リズム効果」**です。低学年と違い，学びのリズムをつくる。だらだらしない。その中で，学びのテンポがよくなり，学びにキレが生まれてくると思っています。

全員「５問」全て正解します。またまた，認め褒める「場」となります。

「よく見る・よく相談する・よく覚えている・よく発表する」。変わった事実，特に「変心（心構えが変わる）」を，とことん褒めます。

下の写真は，５年生の社会科の授業の後に「知的学級掲示」した資料です。これもまた，授業の中で活用したものです。

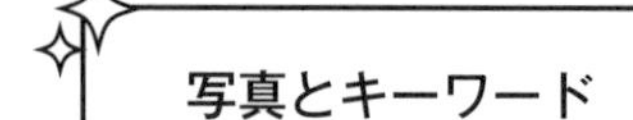

写真とキーワード

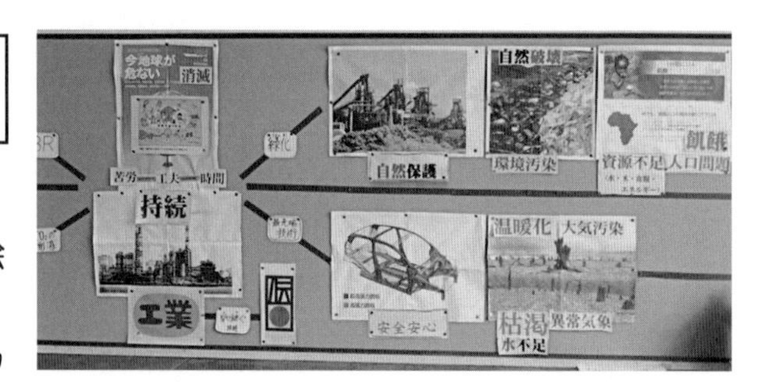

これだけです。

これは，高学年の**「絵画効果」**です。

写真を見たら，**キーワード漢字**が浮かぶ。

そう仕掛けているのです。

1日経ったら，キーワード漢字に「色画用紙」を付ける。

片方だけを押しピンで留めます。キーワード漢字をめくって確かめる形に変えるのです。こうするだけで，

眺める→見る→よく見る→見続ける→見抜く・見取る

というような流れに子供たちが変わっていきます。

先の歴史「まとめ掲示」の場合は，漢字の読み問題を出すことで，この流れを生み出していました。

今回は，めくり型です。これもまた教師の「ちょっとしたひと手間」です。このひと手間で，写真を見せただけで，キーワードが浮かび，キーワード漢字を見せると逆に，写真が浮かびます。

漢字とその裏にある「情報」を結びつけることができるようになるのです。

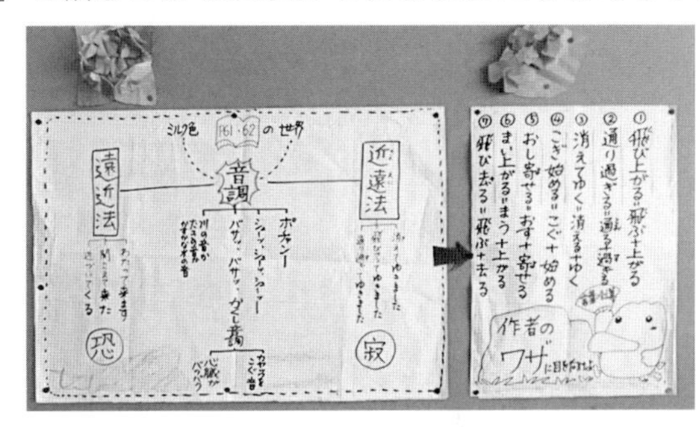

右は，国語の「まとめ掲示」です。

「遠近法・近遠法・比喩・音調・色調……」など，言葉を深く見つめるための用語（学びのアイテム）を，1年間かけて培っています。

この用語も，漢字です。漢字を見ると，用語（学びのアイテム）の意味が浮かぶようになっています。

漢字とその漢字のもつ意味をつかむのが，知的学級掲示の一つ，「まとめ掲示」なのです。漢字と何度も再会・出会いを積むことで，漢字の意味が段々と子供たちに涵養されていくのが分かります。

ゲーム感覚で学ぶ！「ゲーミフィケーション型掲示」で漢字指導

1 ゲーミフィケーション型掲示① 運試し編

右の「漢字くん紹介」を裏返したものを，知的学級掲示として貼っておきます。全部で６枚の「漢字くん紹介」です。

裏は，真っ白です。

漢字が透けて見えないように厚画用紙に貼っているので，どんな漢字が書いてあるか見えません。

掲示してある６枚の中から，１枚だけめくることができます。

例えば，１枚めくると，右の「耕」が出たとします。

めくって終わりだと，何の楽しみも面白味もないです。

めくった後に，何をさせるか。ここが，大切なポイントです。子供たちと漢字の再会・出会いを演出する仕掛けが必要です。

教師のちょっとしたひと手間・工夫がいります。それが，次のページに紹介しているものです。

運試し漢字サイコロ

右のサイコロ展開図を組み立てます。2，3個作っています。

このサイコロを

1度だけころがす

ことができるのです。

ころがして，「耕」が出たら，ラッキーです。

知的学級掲示のそばに貼ってある「揃った人の数」という紙に「正の字」を書きます。

名前を書くのではないです。

ここも大切なポイントです。

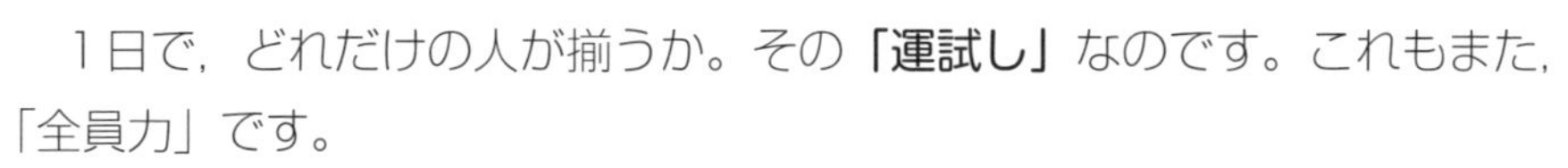

1日で，どれだけの人が揃うか。その**「運試し」**なのです。これもまた，「全員力」です。

全員で楽しむ，全員で対話・会話して楽しむ「場」にしているのです。

もちろん，ルールがあります。

サイコロをころがしてよいのは，一日3回まで。

ルールあってこそのゲーム感覚で学ぶ場。**ゲーミフィケーション型**知的掲示です。

揃うのは，6分の1。簡単には揃いません。簡単ではないから，挑戦する心が起きます。その上，カードをめくる，サイコロをころがすことは，説明

しなくても誰でもできることです。

この知的学級掲示６つの漢字も「１日で外す」のが鉄則です。以前紹介したように，

- 漢字くん紹介プリントは，子供たちが作ったものがある。そこから，６つ選ぶだけでよい
- サイコロも，漢字を入れることができる□を空白にしたものを何枚も用紙に印刷している。それを組み立てるだけ

です。高学年になると，子供たちが進んでサイコロを組み立ててくれます。

漢字くん紹介プリントも貼ってくれます。

これは，どんな漢字が掲示されるか，子供たちに事前に分かっても全く問題がないので，どんどん手伝ってもらいます。

この「手伝い」もまた，「漢字との再会・出会い」の場となっています。

中には，サイコロのイラストに色を付けてくれる子もいます。そういう姿をまた，認め褒めることができます。

不思議なもので，「**サンクス効果＝ありがとうの効果**」の場があると，子供たちが笑顔になります。**「一笑懸命」**な姿が生まれます。

ゲーミフィケーション型掲示は，そんな場を生み出します。

2 ゲーミフィケーション型掲示② 切り貼り編

知的学級掲示に，下のような「看板」が貼ってあります。4つ切り画用紙サイズです。

この「看板」の下には，新聞とチラシ，ハサミ，のりが置いてあります。

その中から，

自分の好きな漢字を１つ

切って貼るのです。

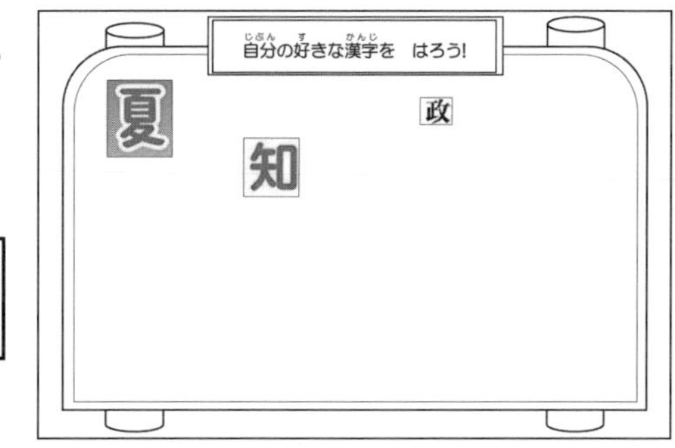

作業が入る知的学級掲示です。作業が入ると，子供同士で対話・会話が進みます。その様子をじっと見ています。

楽しそうに話をしている姿，どの漢字にすると相談している姿。そんな姿を，後でしっかりと話します。

「漢字の切り貼り」を通して，友達と話をすることが素晴らしい。更に，

- 切った時に使ったハサミやのりの「片付け」をする姿
- 新聞やチラシを，きちんと揃える姿

など，人として素晴らしい「考動（考えて動く）」を認め褒めます。こういう「場」が，

学び欲を高めるだけでなく，心田を耕す場

にもなっていると，感じています。

ちなみに，私の学級では

行動→考動・興動・工動→功動→請う動→幸動

という流れを話しています。

興味をもったことに動く＝興動，工夫して動く＝工動，成功するまで失敗を活かし続けて動く＝功動，人に教えを請う動き＝請う動を積み重ねていくと，自分も周りの人も幸せになる「幸動」になると伝えています。

教室にも，この流れはずっと掲示しています。これは**「智的掲示」**です。人として心の豊かさを求める掲示は，長く目に触れるようにしています。

ところで，切り貼り知的学級掲示は，右のように進化します。

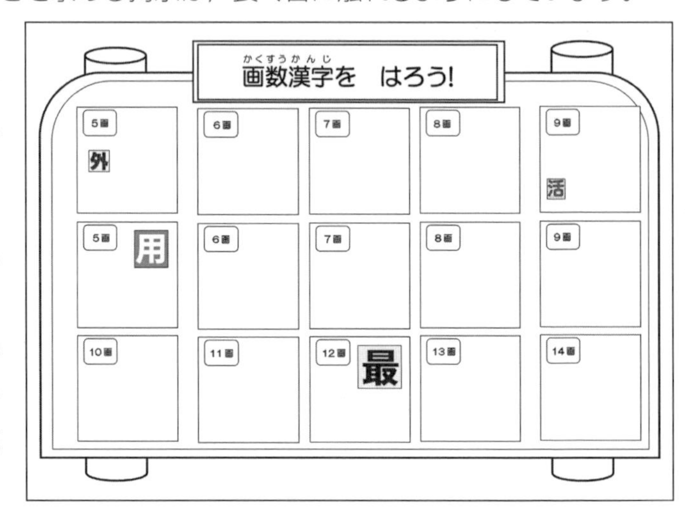

「好きに貼る」のは，拡散的な学びです。

いろいろな漢字が集まり，それを見て学ぶのも，漢字と再会・出会う素敵な「場」です。ただ時には，上のように限定的な「切り貼り」の場を設けることがあります。

例えば，「画数漢字」です。

こうなると，ただ切って貼ればよいのではなく，少し立ち止まって「思考」する必要が出てきます。

「これ，５画でいいよね。」

「これ，何画？ 12画と思うけど，辞典で確認しよう。」

こんな声が聞こえてきます。きっちり「行動」が変化していっているのが分かります。その「事実」は，きっちり認めて褒めます。

子供たちの成長の姿を見逃さない，タイムリーに認め褒める。

これが，漢字定着５システム指導法の土台です。

切り貼り編も「ちょっとしたひと手間」で，バージョンをいろいろと変更することができます。

- 漢字の「読みの始まり」で，切り貼り
- 漢字の「送り仮名」で切り貼り
- 二字熟語・三字熟語・四字熟語……熟語で切り貼り　など

元看板をパソコンで作成しておき，四角の中を変更するだけです。

作成された「切り貼り看板」は，廊下にも貼っています。みんなで作成した「漢字看板」を他の学年・学級にも楽しんでもらうようにしています。

右の看板は，読みの始まりが「あ」から「そ」までの切り貼りです。

切り貼りしながら，自然と「読み」を意識します。

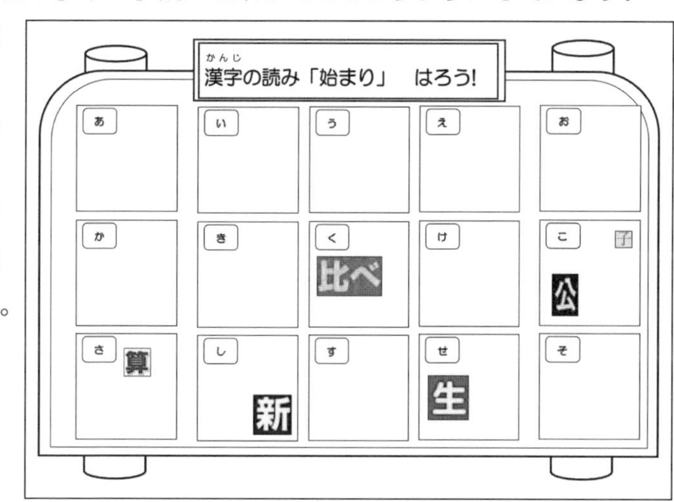

3 ゲーミフィケーション型掲示③ 創作・創造編

ゲーミフィケーション型掲示は，一週間に1度か2度程度掲示しています。作業的なことが入るので，毎日させることはしていません。

今まで紹介してきた「知的学級掲示」と織り交ぜながら，子供たちが「漢字と出会うのを楽しみで待ち遠しいと思う」ように，子供たちの実態に応じて，掲示する順番を考えています。

右のゲーミフィケーション型掲示は，

創作・創造漢字

と呼んでいるものです。

この絵は，何を表していると思いますか。

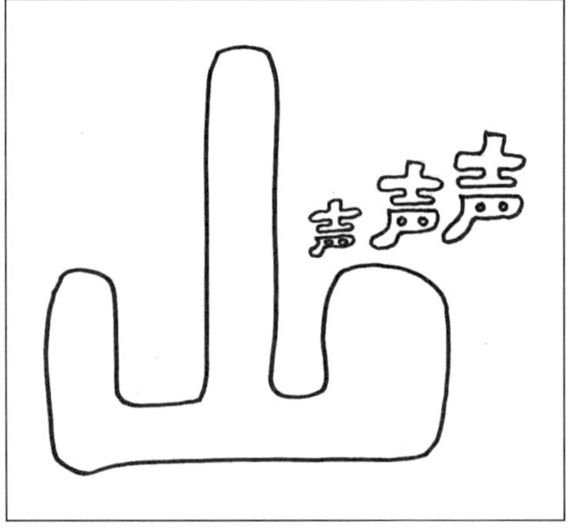

「山」という漢字と「声」という漢字。この2つの漢字が読めないと考えることはできません。

もし読めない子がいても，いつものように子供たち同士で対話・会話し，しっかりと教え合います。

子供たちは，すぐに何を表しているか当ててしまいます。答えは，「山びこ」です。見事，全員が正解します。

ちなみに，答えは朝の話の時に発表します。子供たちから，早く答えが知りたい，教えてほしいと声をかけてくるからです。

特に，低・中学年の子供たちには**「絵画効果」**を発揮するゲーミフィケーション型掲示です。

もちろん，掲示しているのは１枚だけではないです。10枚の「創作・創造漢字」のプリントを貼っています。

例えば，次のようなものです。子供たちは，一つ一つの「創作・創造漢字」をわいわい言いながら見ます。

もちろん，答えはすぐに分かります。

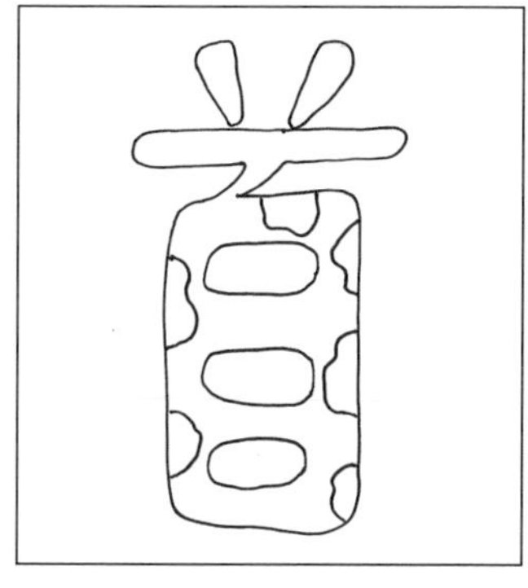

きりん・流れ星・生える

です。

これは，すぐに答えが分かってもよい知的学級掲示です。

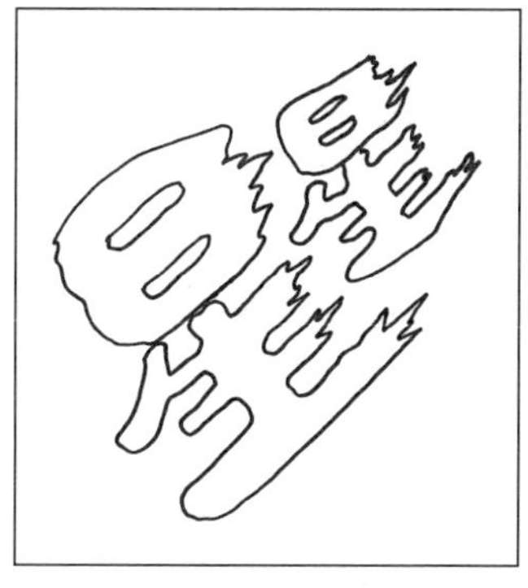

漢字を少し変えると，こんな風に「面白いものに変身する」という「場」を味わってほしいと思っているのです。

「先生，これ面白い！　漢字って面白い。」

漢字を覚えるのが苦手だった子も，漢字の面白さを感じ始めます。

- **先生，この首の絵に【しっぽ】を付けても面白いと思う。**
- **「生」という字に，もう少し【しわ】を付けたら「土」の感じが出ると思う。**

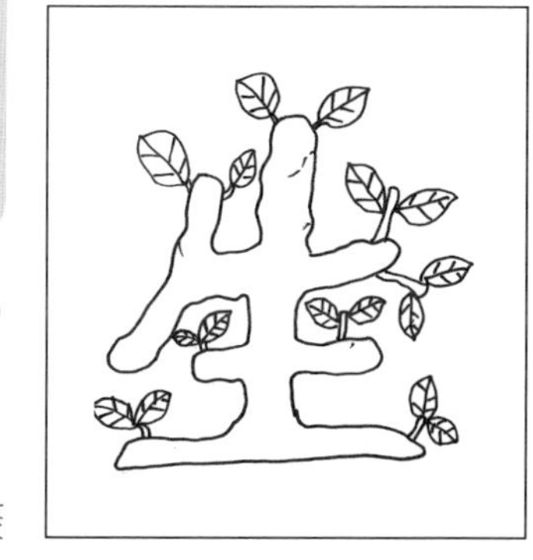

もうちょっとのひと工夫をしたらいいというアイデアを次々と出してきます。

聞いているだけで，実に面白いです。

アイデアを出すことを，うんと認めます。褒めます。

そして，次のような問題を知的学級掲示で出します。

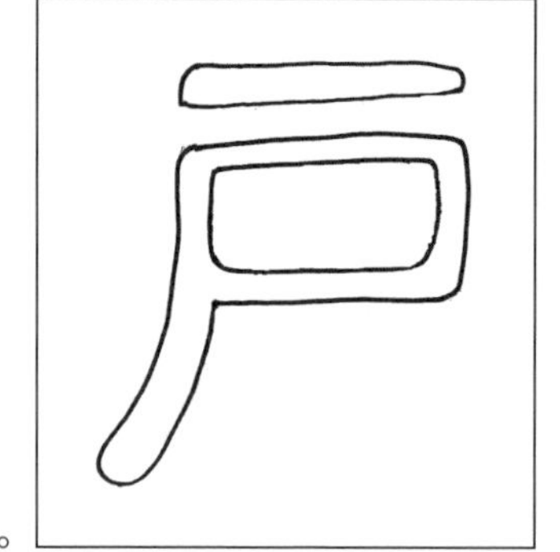

右の漢字は「戸（と）」です。
この漢字を使って「あみ戸」に変身させてください。

子供たちに「創作・創造」してもらうのです。この紙を貼った場所の下に，Ａ４サイズの紙に右と同じものを印刷して置いておきます。一人２枚まで取ってよいことにしています。

１枚は「失敗用」兼「家族と対話用」です。失敗してもやり直しができる。家に持って帰って，自学として取り組む。どちらにも使えるようにしているのです。

右の絵は，多くの子が考えた「網戸」です。中には，もっと縦線・横線を引いていた子もいます。

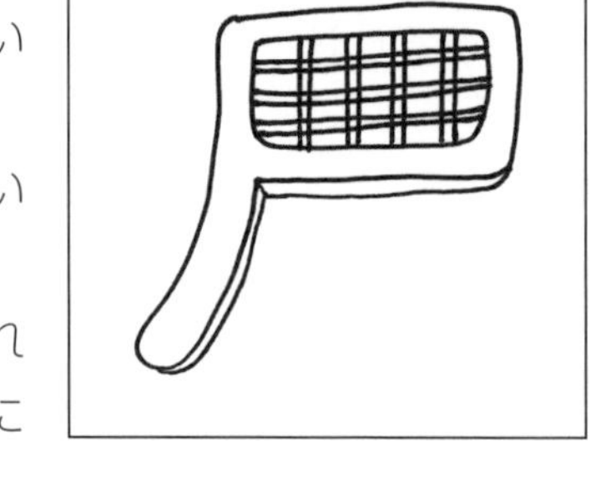

上・下突き抜けた縦線・横線を書く子までいます。

全員が提出するので，全て掲示します。それが，次に創作・創造する時のモチベーションになるからです。

このやり方はいいと，「いいモノマネ・マネッコ」をする子供たちが，出てきます。その姿をタイムリーに褒めます。

後の章につながりますが，この「創作・創造漢字」のお題を自分で決めて自学に取り組む子が結構います。

絵を描くことが楽しい。同時に漢字の勉強にもなる。「一石二鳥学び」が子供たちの中に，浸透します。

4 ゲーミフィケーション型掲示④ 発見編

４つ切り画用紙サイズの紙に，右のような「漢字発見」を貼って掲示します。

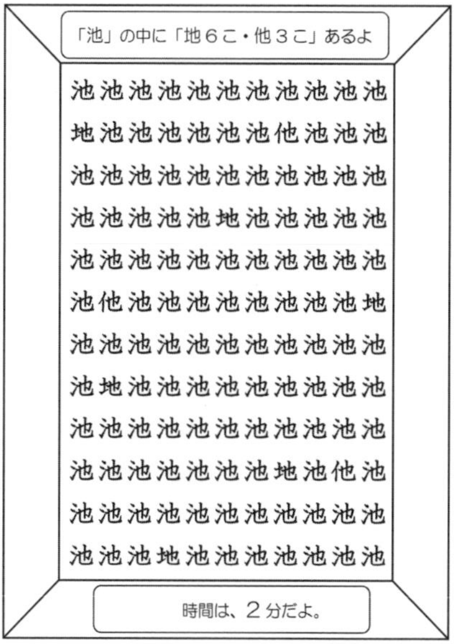

この紙のそばには，ピピピッとなるタイマーも置いています。制限時間２分で，

> 池という漢字の中に「地」という漢字を６個，「他」という漢字を３個探す

という知的掲示です。２分あると，余裕をもって探すことができます。

「池」の中に「地６こ・他３こ」あるよ

池池池池池池池池池池池
地池池池池池池他池池池
池池池池池池池池池池池
池池池池池地池池池池池
池池池池池池池池池池池
池他池池池池池池池池地
池池池池池池池池池池池
池地池池池池池池池池池
池池池池池池池池池池池
池池池池池池池地池他池
池池池池池池池池池池池
池池池地池池池池池池池

時間は、２分だよ。

友達と対話しながら見つけます。「一笑懸命・一瞬懸命」になる掲示です。もちろん，この掲示以外にも，「漢字発見」の掲示は４，５枚貼ります。当然，レベルが変わります。

- 総漢字の数が多い
- 探す漢字の量が増える
- 違う漢字が増えている　（例）池→地・他・也と増える
- 制限時間が，１分。短い時間でも見つけることができるか試す

もちろん，これも１日で変えます。

でも，何週間後・何ヶ月後にまた登場させます。その時には，「２分」の上に紙を貼り，「30秒」としています。ハイレベルにするのです。

こういう知的掲示を通して，漢字を**「よく見る」**ようになります。

似た部分があるけど，違う漢字だ。よく見なくっちゃ。

こんな風に，漢字をじっくり見ることを強く意識します。

以前紹介したように，**「眺める→見抜く・見取る」**レベルへと導く力が「漢字発見」掲示にはあります。

「天」の中に「大」５つ・「夫」３つ

天天大天天天天天天天天
天天天天天天天天天天夫
天天天天天天天天天天天
天天天天天天天天大天天
天天天天天天天天天天天
天大天天天天天天天天天
天天天天天天天天天天天
天天天天天天天天天天天
夫天天天天天天天天天天
天天天天天天大天天天天
天大天天天天天天天天天
天天天天天天天天天天夫

右の「漢字発見」，これは30秒で見つけるものです。

わざと制限時間を書いていません。

子供たちの実態に合わせて，20秒にすることもあります。

全部見つけられなくてもいい。
見つけようという心が，学び心。

そう話しています。

もしかしたら，見つけることができるかもしれない。そう思う心が**「やり抜く力」**になると，話しているのです。もっと高いレベルが**「やり遂げる力」**というのも，しっかりと話しています。こういう話が，後の章「テスト」につながります。

諦めない。やり抜く。そして，やり遂げる。その心構えで挑む。それがなければ，テスト＝試す意味が弱くなる。

繰り返しになりますが，漢字定着５システム指導法は，「場」を楽しむだけでなく，**「学び心の土壌」**を耕していくことも大切なのです。

「漢字発見」には，下のような「書き込み式」のものもあります。プリントに描かれた「図」の中から「漢字を発見」して書くものです。

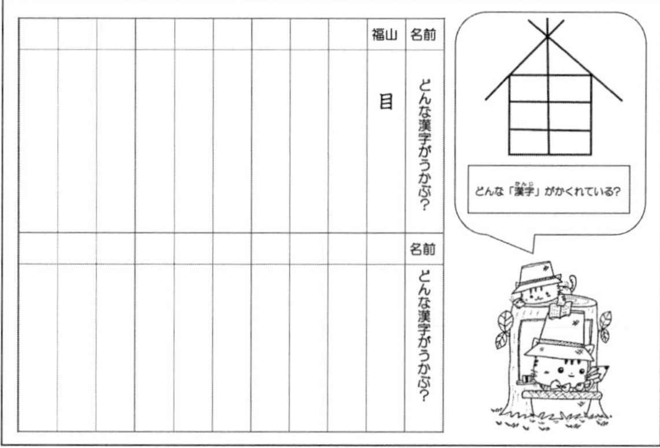

書いてよいのは，一人１つです。

人と同じものは書いてはだめです。

例として「目」を書いています。

ここで大切なのが**「視点」**です。理科の観察の時に教えています。横視点・縦視点・上視点・下視点など，視点をいろいろと変えてみることを事前におさえています。

そうすると，横視点で「品」という漢字を見つけてきます。

一人１つなので，とっておきの漢字を書こうと，あれこれ考えます。考え続ける姿を，うんと褒めています。

下の「絵から漢字発見」も同様です。１つだけ隠れている漢字を書きます。そのために「絵」をしっかりと見ます。図工の鑑賞にもつながります。

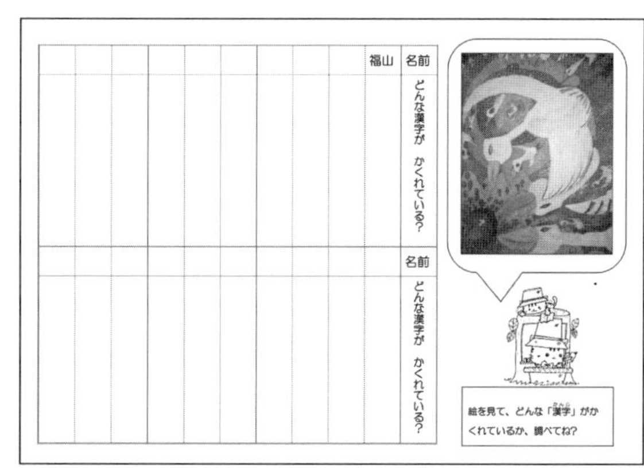

「鳥・足・口・空・山湖・黄……」など，たくさんの漢字が発見されます。見つけた漢字を書いたプリントは，廊下に貼り出し，何度も目に触れるようにしています。

こんなものからも学ぶことができる，このことを知ると，「自学」で**「続き学び」**をする子が次々出てきます。

5 ゲーミフィケーション型掲示⑤ 調べ編

「漢字調べ」も「漢字発見」とよく似ています。例えば，下のような4つ切り画用紙サイズの紙を貼っています。

虫眼鏡漢字です。拙著『15分で国語力アップ！小学校国語科アクティブ・ラーニング型面白ワーク60』（明治図書）にも紹介しているのですが，子供たちが「漢字の細部」を調べる，こだわる問題です。

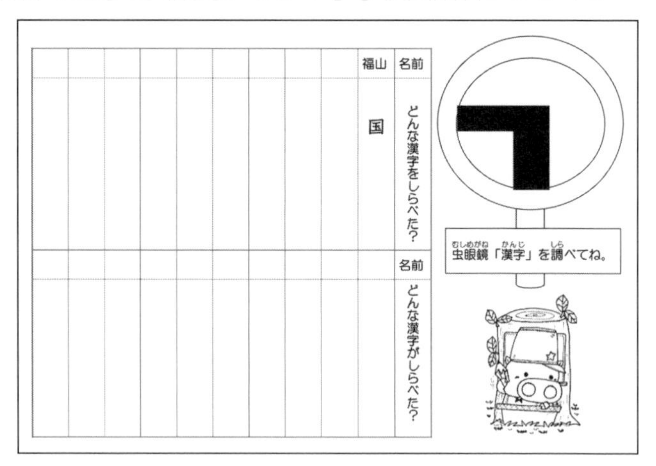

右の問題は，直角になった部分がある漢字。

これを教科書や辞典などを使って調べます。教科書や辞典をじっと見て調べることで，漢字と再会します。

もちろん，習っていない漢字もOKです。新しい漢字との出会いになります。例として，「国」という漢字を書いています。

これもまた，書いてよいのは「1つ」です。

1つだから，何を書いて残そう，と考えます。

漢字を選択する。選ぶことで，思考する。

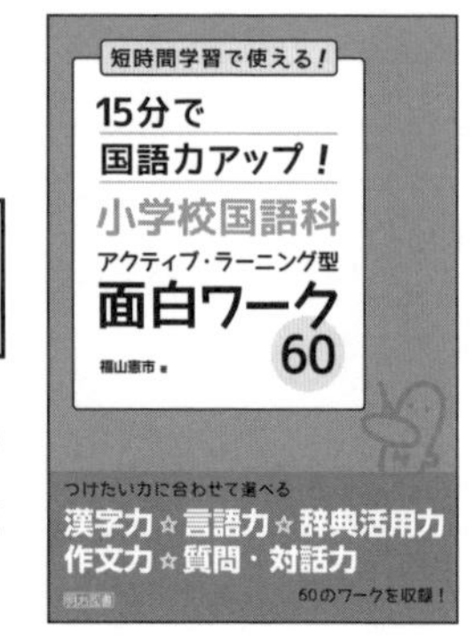

短時間学習で使える！
15分で
国語力アップ！
小学校国語科
アクティブ・ラーニング型
面白ワーク
60
福山憲市 著
つけたい力に合わせて選べる
漢字力☆言語力☆辞典活用力
作文力☆質問・対話力
60のワークを収録！

もっと面白い漢字がないか，友達が気づいていない漢字はないか考えるのです。その姿は**「一瞬懸命」**な姿です。うんと認め褒める場です。

この「虫眼鏡漢字調べ」は，子供たちにとって「自学ネタ」に変身します。

- 虫眼鏡を描くのが簡単
- 虫眼鏡の中に「止め・はらい・はね」などを描いて，漢字調べをする

教師のアイデアの「いいモノマネ・マネッコ」を自学でするので，漢字と再会する場がぐっと増えます。漢字がより身近な友達になります。

ちなみに，虫眼鏡漢字には，下のような「送り仮名」に目を向けたものもあります。

る

送り仮名に「る」の漢字を調べてね。

名前　福山
どんな漢字をしらべた？
作る

名前
どんな漢字がしらべた？

送り仮名「る」で終わる漢字。

例として「作る」を紹介しています。

調べると，たくさんあることに子供たちは驚きます。

「困る・祭る・限る・興る……」など，いろいろです。ここでも，１つだけ選ぶ時に考えます。

「興る（おこる）」なんて，意外に読めない漢字です。こういうのを調べると，「すごい！　勉強になった。ありがとう。」と友達から言われます。

こういう場が**「善力の場」**だなぁと感じます。

これもまた，すぐに「自学ネタ」になります。送り仮名は，いろいろあるからです。

まだ習っていない漢字も調べて，どんどんノートにまとめていきます。

これが**「事前漢字学習＝先取り漢字学習」**となって，予習の形になります。学級では「前もって漢字」と呼ぶものに変身します。

前もって漢字を知ることで，漢字が友達から親友へと変わっていきます。

漢字調べとしては，虫眼鏡漢字だけでなく「□色」というように，限定した漢字を調べてみたくなるように仕掛けています。

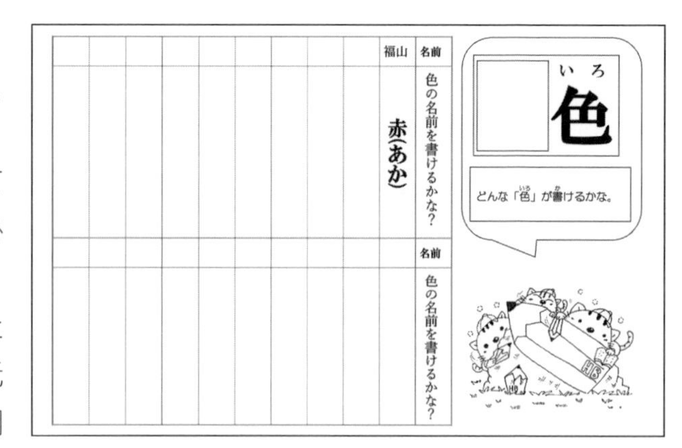

例えば，色。このために，子供たちは手元にある「色鉛筆」を調べます。更に，高学年になると「日本の伝統色」に目を向けて調べることが出てきます。

小豆色・虹色・煉瓦色・鶯色・象牙色など，見たこともない漢字や言葉を書く子が出てきます。

これは，漢字を覚えるために出しているのではないです。漢字を調べる，漢字を調べると奥が深いことに出会う。それを体感してほしいために出しています。

これもまた，続き自学として「日本の伝統色」をとことん調べ続ける子が出てきます。

この「色」の部分をいろいろと変えると，漢字調べ掲示が出来上がります。

色→山・川・海と湖・歴史人物・市・県・音・屋・師・動物

など，調べて漢字で書くものはたくさんあります。

調べることは，手間がかかることです。この「手間」をかけて学ぶことを自然体でできるように仕掛けているのです。これが，**「然力」**です。

これくらいの調べは，当たり前。調べることが楽しい。

だから，漢字を練習しなさいとか覚えなさいと言わなくてもよいのです。子供たちがアクティブラーナーとなって，進んで学ぶのです。

出会いを楽しむ！「学級文庫」で漢字指導

1 学級文庫は「辞典・字典・事典」を活用する場

私の学級文庫には，多くの漢字に関する「辞典・字典・事典」が置いてあります。

漢字定着５システム指導法をスタートした新採４年目の頃は，数冊でした。当時は，辞典等を安く手に入れることができなかったからです。

今は，ネットや古本で辞典等を安価で手に入れることができます。

例えば，右のようなものがあります。

安価で手に入る時には，同じ辞典・字典・事典が数冊あることもあります。

これらを学級文庫に置いているのです。

これらを活用するのは，どんな時か。

基本，授業の中などでは，学校の漢和辞典・漢字辞典を活用しています。子供たちの教え合い・学び合いができるからです。

◎大辞林
◎漢字源
◎日本語漢字辞典
◎難読漢字辞典
◎漢字語源辞典
◎四字熟語辞典
◎部首ときあかし辞典
◎漢字の知識百科
◎筆順・字体字典
◎新漢和大字典

ただ，次のような時に，学級文庫の「辞典・字典・事典」が活躍しています。それは，「すき間の時間」です。

子供たちには，４月からこんな言葉を伝えています。

5分もあると思うか。5分しかないと思うか。「も」か「しか」で，その人の学び心が分かる。

時間を有効に使う。すき間の時間を大切にする。

これは，低学年であろうが高学年であろうが，共通した**「学び田」**です。こういう「学び田」を耕すことが，漢字定着5システムの土壌となります。

もちろん，はじめは「5分体験」の場をつくります。例えば，高学年でこんな場を設けることがあります。

今から，学級文庫の辞典（字典・事典）を1冊持ってきてください。
時間は5分です。5分で，辞典のどのページでもいいです。写せるだけ写してください。

1回目は，多い子でノート半ページでした。ところが，2回目やると，コツをつかんだ子は1ページ書いてしまう子が出てきます。

これは，2年生以上全てそうなった事実です。そこで，先の話をするのです。

1回目より，頑張って書くぞぅと思った人？（全員の手が挙がる）
さすがです。2回目，みんなの目が違っていました。素晴らしいです。
中には，5分で1ページも書けた人がいます。もちろん，書いた量も素晴らしいのですが，一番は，頑張ろうと思った心と目です。

これは，3度やります。**「3度目の正直」「ホップ・ステップ・ジャンプ」「七転び八起き」**の話を関連づけて，回数を積み上げて，どんどんレベルアップしていけばよいと話しています。

これを，私の学級では**「場力」**と呼んでいます。

「場力」……それは，一つ一つの場を大切にする力。その場力を積み上げると「馬力」になる。

こういう**「学びのキーワード」**を子供たちの心に浸透させていくことも，漢字定着５システムの土壌づくりなのです。子供たちの**「学びの合言葉」**となります。

「馬力になるように頑張ろうね。」

友達と，こんな言葉を交わしている声が聞こえてきます。

時には，自学ノートのめあてに「馬力を身につける」と書く子まで出てきます。学びのキーワードがあると，子供たちは「何を目指したらいいか・目指したいか」が明確になるらしいのです。

ところで，教室の「辞典・字典・事典」ですが，

- 朝来た時，朝学までの時間に辞典等を読んで「自学」にする（特に，天気の悪い日）
- テストの後の「余りの時間」に読む
- 給食時間，食べ終わったら辞典等の「視写」に取り組む

など，子供たちなりに，わずかな時間を活用して「漢字との再会・出会い」に辞典等を活用しています。

電子辞書も教師の机の中に入れているのですが，これは学級文庫の一つにはしていません。

分厚い紙媒体の辞典・字典・事典をめくる。電子辞書に比べて，すっと見つけたいものが見つからないですが，この見つかりにくいという体験を通すことで，見つけた時の喜びが大きくなると「実感」する子供たちです。

こういう「場」があるから，家でも紙媒体の辞典等を引きます。ネットばかりに頼らない子供たちの**心田を耕す**機会になっています。

2 学級文庫は「面白漢字問題」に出会う場

学級文庫には，写真のように「漢字に関する面白本」をたくさん置いています。例えば，『感じる漢字の大クイズ』『漢字・感字クイズ』『歴史クイズ式・この地名の漢字が読めますか？』など，たくさんのクイズ本があります。

その他『「漢字」おもしろ雑学』『漢字の形にはワケがある』『ことばと漢字の「面白隠し味」3000』など，漢字雑学関係の本もあります。

大人でも分からない，簡単に解けない問題が山ほど書かれています。

先の漢字辞典・字典・事典は全員分の冊数がありません。

でも，この「漢字に関する面白本」は100冊近く置いてあるので，一人で数冊持って行っても大丈夫なくらいあります。

中には，小学生には難しい本もあります。『中国語と日本語』『漢字を楽しむ』『漢字の常識・非常識』などの本は，大人向けの本です。

でも，こういうものに興味をもつ子がいます。後で紹介する「自学」などで，漢検２級・１級の問題を解く子がいるからです。

漢字を探究・追究する。漢字を深堀りする子が，こういう本に目を通します。全部読めなくても，読める部分を探す。そんな機会を，学級文庫でつくっているのです。

「場」を設け，「漢字との出会い」を演出することで，保護者に漢字本を購入してほしいと言う子が出てくる。

子供たちは，学校の図書室だけでは「漢字に関する面白本」に出会うことは少ないです。

本屋や古本屋に行くと，こんな面白い本もあるんだという「事実」に気がつきます。学級文庫で，自分が今まで知らなかった世界の扉を開くことになるのです。

時には，100円ちょっとで「漢字面白本」を手に入れることもできる。学びのタネを「学級文庫」から得て，自分の手元でタネを成長させて，学びの花を咲かせる。

そんな「力」を学級文庫はもっています。

我が子が進んで本を購入してほしいと言う，その事実に保護者が驚きます。喜ばれます。

拙著『一人ひとりを見つめる子ども研究法の開発』（明治図書）に紹介しているのですが，保護者とやり取りしている**「共育カード」**には，本を買ってほしいという我が子の言葉に感動したという言葉がたくさん届きます。

保護者の共育があって，学級文庫の学びのタネが活きます。

漢字定着５システム指導法の土壌には，保護者の「共育」という土壌も耕すことが欠かせないです。

もちろん，学級文庫に「こんな本が置いてある」という事実を学級通信などで発信しています。

その上で，学級懇談の時には，保護者にも学級文庫で楽しんでいただきます。子供たちと同じ目線・学び体験をしていただく「場」を用意しています。

今まで紹介した「知的学級掲示」も体験していただきます。

そうすることで，子供たちとの会話が弾みます。

会話の中で，子供たちは結構褒められると言います。いつの間にか漢字を覚えていること，学ぶことを楽しんでいることなどを「すごいね。えらいね。」と言われて褒められるそうです。

それが，子供たちの学び欲を更に高めていきます。

学級文庫は，次のような**「波及効果」**も生み出します。それは，

テレビや身の回りの「漢字クイズ」に目が向き始める

ということです。

「見れど見えず」だったものに，目がしっかりと向き始めます。

- 先生，昨日こんな漢字クイズがありました。自学ノートにまとめます。挑戦してみてくださいね。
- 先生，スーパーに行ったら漢字クイズがありました。すぐに，メモしました。自学に書いています。解いてみてください。

「自主学習の場」で「面白漢字問題」に挑戦する子が次々と登場します。自学ネタとして「漢字」が活躍することで，自然と漢字が面白くなり覚えてしまいます。漢字が，友達から親友になっていく一歩です。

学級文庫は，**「見たら見える目」**を育てる，身の回りには**「学びのタネ」**がたくさんあるということに気づかせる力があります。漢字が待ち遠しくなる子供たちの心田を耕す**「縁の下の力持ち」**だと思っています。

3 学級文庫は「カルタ・カード」を常備する場

学級文庫には，「カルタ・カード」を常備しています。

雨の日やすき間の時間等を活用して，自由に使えるようになっています。

といっても，完全な漢字カルタ等ではないです。右のカードは「交通安全カード」です。

右のように印刷したものを半分に折って，どちらかを表にします。

例えば「一度より二度確かめてわたろうよ」を表にすると，読み手は「わたろうよ」だけ読みます。

「わたろうよ」を表にしたら，「一度より」から読み始めます。

5　一度（いちど）より
7　二度確（にどたし）かめて
5　わたろうよ

わたろうよ

5　とび出（だ）すな
7　車（くるま）のかげや
5　細（ほそ）い道（みち）

細（ほそ）い道（みち）

こういうカードを楽しむことで，自然と登場した「漢字」と再会・出会うことになる。

読み仮名を書いているので，何度も漢字を読むことになる。

この「交通安全カード」は，道端にある「交通標語」から取っています。自然と，子供たちは登下校の時等に「交通標語」にも目が行くようになります。**「見たら見える目」**です。

更に，右のような「主語・述語トランプ」も置いています。

これで子供たちは，

神経衰弱

をします。

上手く「主語と述語」のトランプを引いて，文章が完成すればトランプを手に入れることができます。

結構難しいです。

はじめは，３セットにして「場」に６枚出します。これで揃うか，試します。

段々とセット数を増やしていくと面白さが増していきます。

このトランプも，

漢字との再会・出会いを演出

しているものです。

漢字だけのトランプではないです。

漢字漬けにしないことも，大切なポイントです。

このトランプをし続けることで，主語・述語も覚え，漢字も読めるようになります。

一石二鳥学びの「場」なのです。

こんなミニカードも置いています。

人を表す言葉ミニカード

です。

「家・官・人・民・手・者師・士・員」などのカードがあります。

これも「主語・述語トランプ」のように，一番は「神経衰弱」で遊びます。

「家」をめくって，上手く「音楽家」をめくれば，カードゲットです。

ここでも，漢字に読み仮名が書いてあります。こういう「場」で，漢字との再会をします。更に，言葉が豊かになります。

これもまた，一石二鳥学びの「場」です。

ちなみに，これらのカード・トランプは，１章で紹介した拙著『国語授業が100倍盛り上がる！面白ワーク＆アイテム大事典』に全てデータで紹介しています。ダウンロードして，ミニカード化すれば，あっという間に出来上がります。

教師の「ほんのちょっとのひと手間」で子供たちの学び欲が高まり，漢字との再会・出会いを楽しみ，漢字を学ぶのが待ち遠しくなる子供たちに**「変心」**します。

心が変わると，学びが変わります。

4 学級文庫は読書量アップで「未知の漢字」と出会う場

学級には，右のようなマイボックスを持って行っています。2ボックスあります。

子供たちが大好きな

漫画シリーズの本

を入れています。

全て私が集めていた本です。これもまた，少しずつ古本屋などで見つけたものです。

これらの本を読む時間は，次のように決めています。

- 毎週１回，朝読書・帰り読書10分を取る。
- 給食を早く食べた後に，読む。
- テストの後に，自学とリンクさせて読む。
- １冊なら，家に借りて帰ってもよい。その時は必ず「この本を借りてもいいですか」と言いに来る。家で，じっくり読む。

こういう「場」があるから，子供たちの「読書量」がアップしていきます。

子供たちは，「読む環境」があると読むのが当たり前になっていくのを実感しています。

これもまた，**リズム効果**なのだと思っています。

教室環境に，「本」が当たり前のようにある。「本」と出会う場も，上に紹介したようにリズムよく設定する。

その本も，子供たちにとって読みやすい本。

ちなみに，本は学期ごとに少しずつ変えます。低・中学年であっても漫画シリーズの歴史本なども置きます。

上の学年の内容のドラえもんシリーズ等も置きます。子供版は，難しい漢字には読み仮名が書いてあるので，学年関係なく入れています。

知らない漢字＝未知の漢字と，どんどん出会うように仕組めるのが，漫画シリーズの本。

子供たちは，気に入った本・好きな本は何度も読み直します。

当然，習っていない・知らない漢字に何度も出会います。でも，読み仮名が書いてあるので，いつの間にか **「慣れ→熟れ」** になって，読めるようになります。

その姿を，うんと認めます，褒めます。

何回も読むねぇー。とってもいいことです。

１回読んで終わりよりも，何回も読み直す方が頭にも心にも強く残るそうですよ。本当，素敵な読み方です。ありがとう。

ところで，この「漫画シリーズ」学級文庫が発展して，図書室の本をよく読む子が増えます。

図書室にもたくさんの「漫画シリーズ」があるからです。

学級文庫は，図書室の本により目を向けさせる **「読書のタネ」** です。

先生，図書室で学級文庫にない漫画シリーズ，借りました。

ただ借りるだけではないです。

これが，何度も紹介している「自学」と連動しているのです。読書をしたら，自学ノートに視写する。それも **「工夫視写」** をする。

絵を写す。漢字をしっかり写す。自分なりに工夫してまとめる。「漫画シリーズ」を借りて，読んでまとめる。

まさに，これも「一石二鳥学び」です。

これは，学級文庫に直接つながることではないですが，図書室に行った時，右のような問題を出すことがあります。

◎「動物」が入る題名
◎「色」が入る題名
◎「□の□」という形の題名

題名にこだわる。

これは，国語ノートではなく，自学ノートに直接書かせます。

たくさん見つけよう。たくさん書こうと言っています。もちろん，友達と探してよいです。

まずは「動物」です。たくさんあります。

続いて「色」。これも「赤・青・黒・白……」など，いろんな色が登場する題名が出てきます。

どんどん書きます。

当然，そのまま写すので「漢字」を書くことになります。丁寧に書けていたら，「100点花丸モグラ付き」です。

こういう「場」を通して，友達と協力して探すことや丁寧に写すこと，いろんな本があることを伝えています。

こういう「場」もまた，漢字定着5システム指導法を子供たちの中に浸透させていく土壌を耕すものになると思っています。

学級文庫の本を読む→図書室の本を読む→家でも本を読む→学校に来て，また本を読むというサイクルが，子供たちの読書量を増やします。

読書量が増えれば「文字」と出会う機会が増えます。

当然，漢字慣れしてきます。**「漢字慣れ→漢字熟れ」**に少しずつ変化していきます。これもまた**「場力」**であり，**「馬力」**へと進化していきます。

5 学級文庫に時折「漢字パズル」が出現する

学級文庫には「カルタ・カード」を常備しています。ただ，時折そこに「漢字パズル」が出現します。

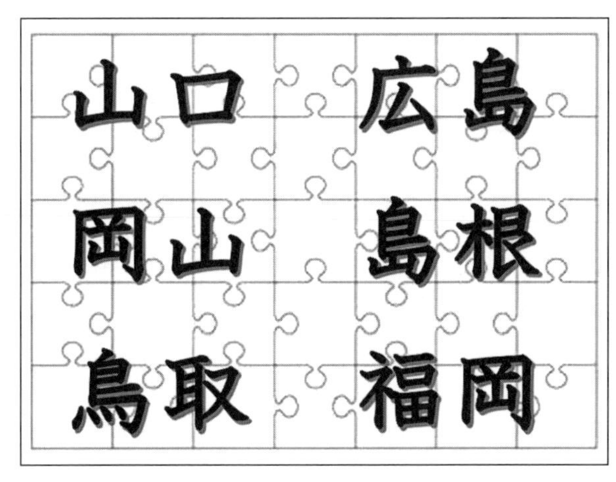

100円ショップで売ってある無地のジグソーパズルに漢字を書いたものです。

これなら，すぐに作ることができます。

右の「漢字パズル」は，子供たちに「レベル１」として紹介したものです。

35ピースしかありません。そんなに難しいものではないです。

これを，制限時間５分で完成させなければいけません。

もちろん，友達と協力してもよいです。ただし，一緒にやるのは４人までと決めています。

タイマーは，知的学級掲示の時にも紹介したように，ピピピッとなるデジタルタイマーがいくつも置いてあります。

これもまた，

漢字パズルを楽しみながら，漢字と再会するように仕掛けているもの

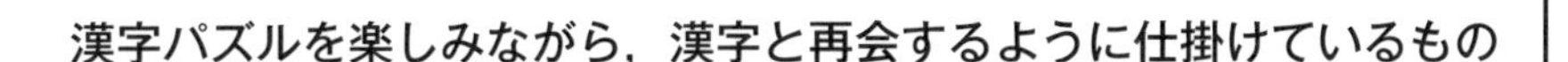

です。６つの都道府県の漢字と再会することになります。

「山口の山はこのあたりだから……。」
「福岡の福は，右下だよねぇ……。」
と言いながら，制限時間を意識しながらピースをはめていっています。
もちろん，完成しなくても，頑張った姿を褒めます。「一瞬懸命・一笑懸命」な姿が素晴らしいと言い続けています。

右のように，ピースが増えると大変です。
制限時間５分ではとてもできません。100ピースの場合は，10分です。
なかなか，10分では完成しません。
これがまたいいのです。
簡単にできないから，悔しい。
悔しくてやめるか，悔しいからもっと挑戦するか，その分かれ道の姿を見ます。**「七転び八起き」**発想があるか。その姿を見るのです。
だから，時折「漢字パズル」を出現させるのです。
漢字パズルは，漢字を覚えさせる・楽しませるためだけのものではないです。
子供たちの**「心田」**の様子がどうか。しっかりと耕されているか。漢字を楽しむ，待ち遠しく思う土壌が培われているかを確認するものでもあるのです。
面白いもので，100円ショップで無地のジグソーパズルが売っていることを，子供たちは知っているので，すぐに自作してきます。これもまた，手作り自学となります。

子供たちが作ってきたのが，これです。

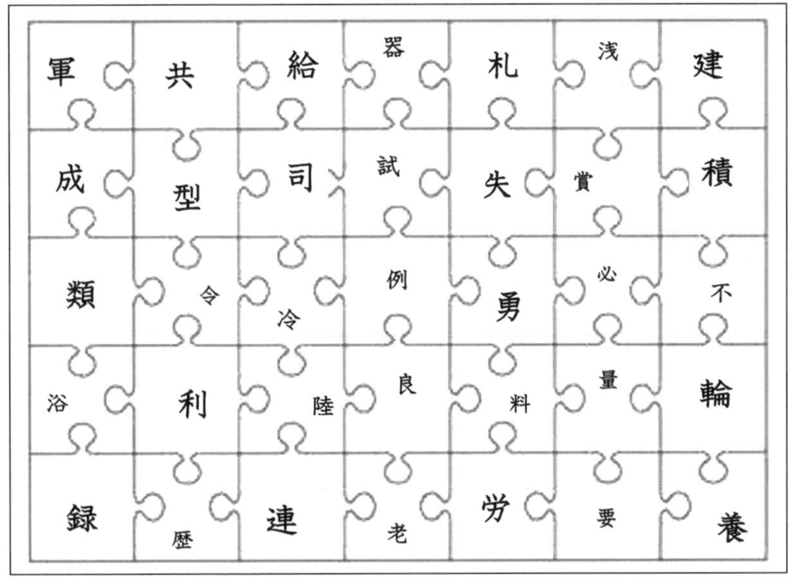

一つ一つのピースに，漢字を書いていく。これは，４年生の漢字です。

- 漢字の向きを変える。もっと大きさを変える。
- １つのピースの中に，漢字を２つずつ書く。
- ２つのピースにまたがって，１つの漢字を書く。

中には，教師が作ったものより，はるかに面白いパズルを持ってきます。もちろん「自学」として作ってきたものだけに，掲示します。

貼るのではなく，棚の上に掲示です。

子供が創作・創造したものは，他の子に刺激を与えます。これが，**学びの波及効果**です。

「漢字パズル」を学級文庫に時折置くと，子供たち同士が「協力する場」であり，友達に刺激を受ける「場」にもなるのです。

2章
学びのキーワード

- □ 知的学級掲示
- □ 一瞬懸命
- □ 学びの合言葉
- □ 教師のちょっとのひと手間
- □ ミスバチ漢字
- □ 一笑懸命
- □ 真似ぶ
- □ 真似る力
- □ いいモノマネ・マネッコ
- □ ばらばら漢字
- □ キーワード漢字
- □ 眺める→見る→よく見る→見続ける→見抜く・見取る
- □ ゲーミフィケーション型
- □ サンクス効果
- □ 行動→考動・興動・工動→功動→請う動→幸動
- □ 智的掲示
- □ やり抜く力・やり遂げる力
- □ 学び心の土壌
- □ 続き学び
- □ 5分もある　5分しかない
- □ 学び田
- □ 場力・馬力
- □ 心田を耕す
- □ 共育カード
- □ 波及効果
- □ 見れど見えず
- □ 見たら見える目
- □ 学びの種
- □ 慣れ→熟れ
- □ 読書のタネ
- □ 工夫視写
- □ 七転び八起き発想

3章

どの子も漢字の時間が待ち遠しくなる！「テスト」で漢字指導

学び方が変わる！「上達型テスト」で漢字指導

 「何級型」漢字テストで学び方が変わる！

漢字テストに「ゲーム感覚効果」を入れたものが，「何級型」漢字テストです。Ｂ４サイズの紙を下のプリントのように，４つ切りにします。

何級から始めてもよい。

低学年だと「10級」からスタートすることもあります。中・高学年だと「６級」から始めることが多いです。

１級に合格すると「初段→２段→３段」と増えていきます。これは５段程度で止めることが多いです。その後は「漢字博士・漢字名人」などと称しています。子供たちの実態に合わせて，いくらでも変えてよいものです。

⑥ ⑤ ④ ③ ② ① １級	⑥ ⑤ ④ ③ ② ① ３級
⑥ ⑤ ④ ③ ② ① 初段	⑥ ⑤ ④ ③ ② ① ２級

更に，こんなことも変えてよいです。

問題数

例えば，中・高学年の６級なら「１・

２問」です。簡単にクリアできるように仕掛けています。漢字力を試す弾みをつけるようにしています。

逆に，級が上がっていくにつれて，問題数を増やします。

先のページのプリントは「６問」でした。多い時は，一つの級で「10問」出すことがあります。これは**「変化のある繰り返し効果」**です。

毎回，少しずつ違う。だから，何級型テストをしても面白い。挑戦心をくすぐるのです。更に変えます。

問題の難易度を変える。

初段から漢字博士・名人レベルになるためには，「文章の中で漢字を使うことが出る」ように仕掛けます。例えば，次のような形です。

一つの問題の中に，４つのマスが出てきます。今まで，級の段階では簡単だった漢字問題が，急にレベルアップします。

□（ぜんいん）□（かんじ）を□（か）き□（なお）す

難易度が上がるから，級から段に変わる。そういう意味を隠していることを察知します。言葉で言わなくても，**暗黙の了解**をします。

初めて挑戦させる時は，友達と一緒に挑戦させることもあります。また，教科書や辞典を調べていいようにしていることもあります。

ただし，制限時間だけは厳しいです。

15分，これ以上待たない。

15分で，どのレベルまで達することができるか挑戦させるのです。

２回目は一人でやること，教科書や辞典なしかもと予告しておきます。それだけで，自学などで進んで漢字練習をする子が増えてきます。**変心**します。

2 「ヒント付き」テストで学び方が変わる！

「全員力」を大切にするテストに，「ヒント付き」漢字テストがあります。

ヒントを付けることで，ヒントを見ながらでも「全問解こう」という気持ちになるように仕掛けています。

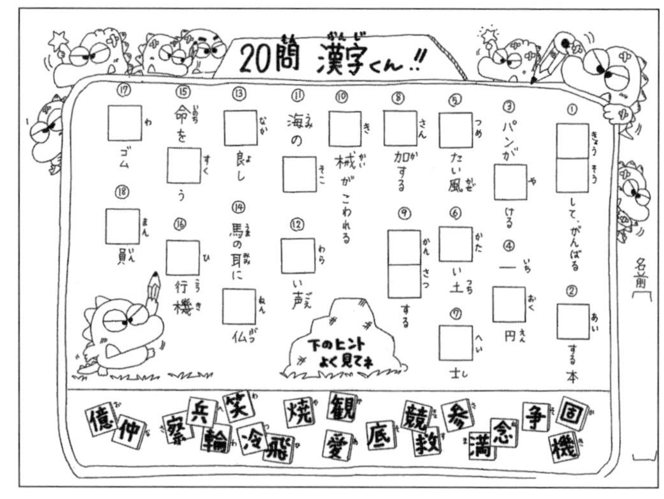

右のプリントを見ると分かるように，ヒントの漢字に読み仮名の**「1文字目」**を書いています。漢字のヒントの上に，読み仮名のヒント。2つのヒントがあります。

こうなると，子供たちは必死に全問解きます。

ただし，いつものように制限時間がきっちり決まっています。

「20問漢字くん」の場合は，７分です。早い子は３～５分で書き上げます。

残りの時間をどう過ごすか。これを見る。

もちろん，事前に言っています。早くできた子が何をするか，楽しみにしていますと。これが**「学びのキーワード＝プラスワン心」**です。

テストは，終われば完成という考えを変えます。以前書いた**「５分もある」**発想に通じるキーワードです。

> 色を付ける子。プリントの裏に漢字を書く子。□のそばに，もう一度漢字を書く子。

ヒント付きというだけに「全員」ができるので，全員のプラスワンが出てきます。その心をうんと褒めます。このキーワードは**「もう一歩の頑張り」**と置き換えることもあります。

「もう一歩先に進もう」という心。それが「成長のもと」だと話しています。子供たちの学び方が，確実に変わります。

レベルが上がると，下のような文章型の「ヒント付き漢字テスト」でも，7分でやり遂げます。

もちろん，早くできた子はプラスワンをします。今までの「ヒント付き漢字テスト」の時に，友達がどんなプラスワンをしたかを学んでいるので，

> **何をしたらいいか見える**

と子供たちは言います。

鋭いのは，自分が「すっと浮かばなかった漢字」を練習します。ヒントを見てしまったもの，それを一番練習するようになります。

弱い部分を無くす。そんな気持ちが前面に出るようになります。**「前力」**が活きます。

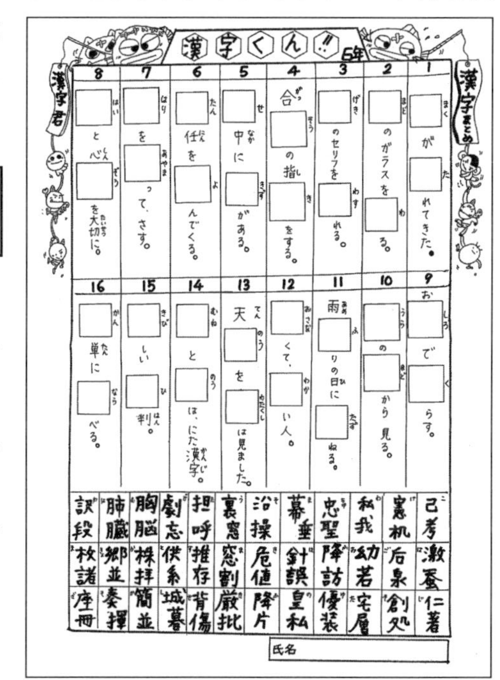

3 「付け足し型」テストで学び方が変わる！

「何級型漢字テスト」は挑戦する心を，「ヒント付き漢字テスト」は全員力とプラスワンの心が芽生えるように，仕掛けています。

テストは，漢字を覚えさせるためにするという気持ちでさせていません。

テストは，子供たちが漢字を楽しむ。友達・親友である漢字を，より身近なものにするために行うものだと思って取り組む。

こんなテストもあります。「付け足し型」漢字テストです。

右のプリントのように，すでに漢字の一部だけを書いています。そこに，付け足すのです。

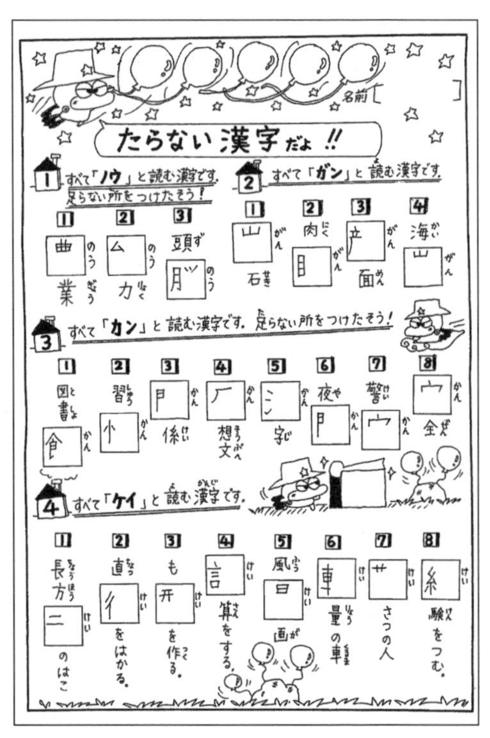
名前［　　］

たらない漢字だよ!!

1 すべて「ノウ」と読む漢字です。足らない所をつけたそう！

2 すべて「ガン」と読む漢字です。

3 すべて「カン」と読む漢字です。足らない所をつけたそう！

4 すべて「ケイ」と読む漢字です。

ヒント付きよりレベルが高いです。漢字を覚えていないと付け足すことができないからです。

このテストを

> 教科書を調べてよしテスト

にすると，子供たちは必死に調べます。

ただし，いつものように，制限時間があります。５分から７分に設定しています。

もちろん，見なくて書ける漢字は調べずにどんどん書きます。

早くできた子は，教科書で確認

する子が出てきます。

調べる姿，確認する姿を，とことん褒めます。このテストで大切なのが，

同じプリントを「宿題」にする

ことです。やり方が分かっているので，全員が必ずやってきます。もちろん，プラスワンもしてきます。

そして，もう一つ大切なのが，２回目も同じテストを行うことです。その時は，教科書なしです。レベルアップさせるのです。

こうすると，子供たち自身が，

自分の成長を実感する。練習すれば，できるようになるということを体感する。できると楽しい

と，漢字の友達度が上がっていきます。

実は「付け足し型」漢字テストは，漢字カードともリンクしていきます。

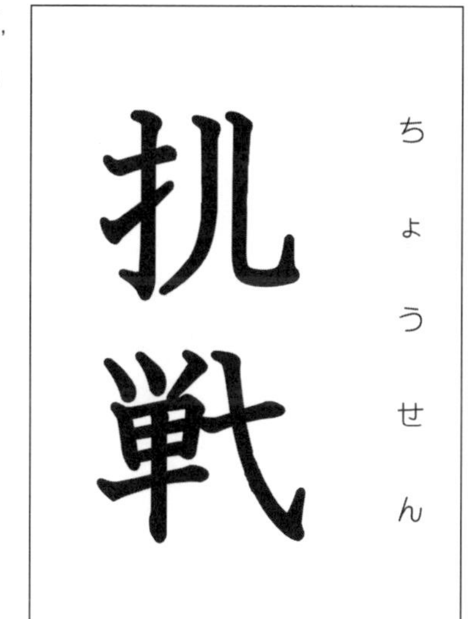

右のようなカードを朝学・帰りなどに見せ，どこを付け足したらよいかを考えさせています。裏にすると「挑戦」が出てきます。

更に，「知的学級掲示」にも貼られます。

これもまた，裏にすると答えが分かるように掲示します。

「付け足す」という意味が，こういう「場」で説明しなくても，子供たちの中に浸透します。

漢字と再会する「場」が何度もあることで，自然と漢字が身近なものになっていくのです。

4 「調べ型」テストで学び方が変わる！

帰り5分で行う「調べ型」漢字テストが，下のプリントです。「同じ読みの漢字」を教科書や辞典を使って探すテストです。

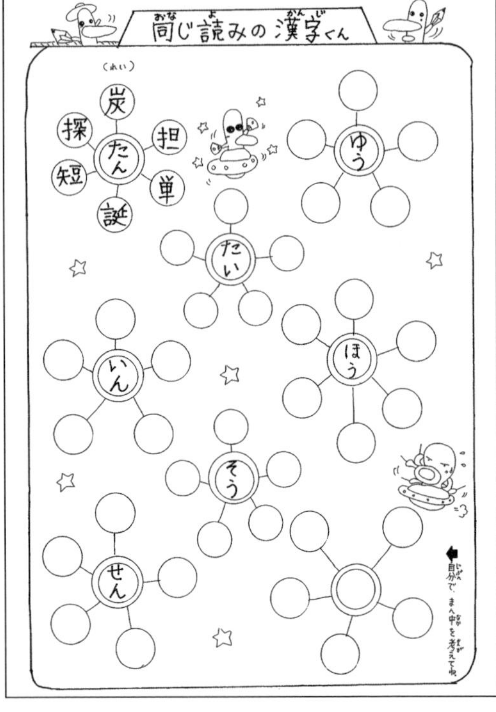

はじめの頃は，友達と一緒に探してもよいテストです。

6種類の問題があるので，1つを1分弱で探す計算です。

ただ，このテストは，

> 全部できなくても，100点花丸モグラ付き

になります。

時間を無駄にせずに調べる。その心をテストしているのです。

子供たちは，わいわい言いながら，必死に調べます。そして，書きます。

はじめの頃は，2～3種類で終わることが多いです。それでも，うんと褒めます。「**5分もある**と思っているのが，調べている姿から感じます。素晴らしいです。さすがです。」

何度か「調べ型」テストを体験すると，慣れてきます。「慣れが熟れ」になり，どんどん問題数をこなすことができるようになります。

1年経つと，5分あれば「プラスワン」できるまでになります。自分で問題をしっかりと考えます。

これが「成長」だと，子供たちに話しています。

「長」には，大きくなる・優れるという意味があります。みんなの，学びの心・頑張り心が大きくなっています。調べることが優れています。本当に素晴らしいです。

テストは，子供たちに「成長」を実感させるものだと思っています。こういう「場」を通して，漢字が待ち遠しくなる子供たちに変わります。

右の「調べ型」テストは，部首に目を向けさせるためのものです。

先の調べ型は，読みでした。

調べ型漢字テストは，子供たちに「漢字学びの視点」を与えることができる。

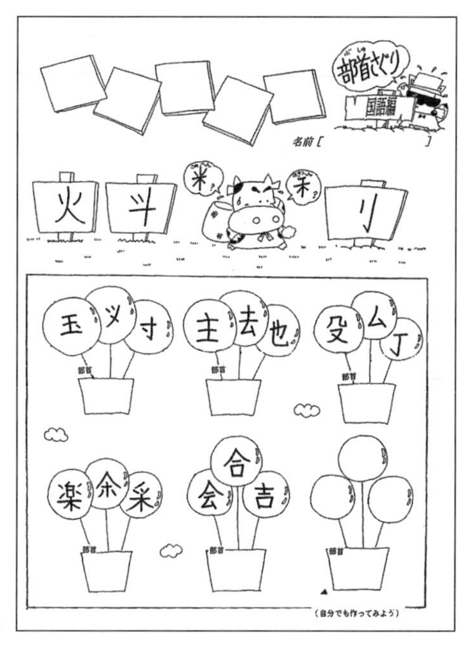

「読み・部首・画数・熟語・成り立ち」等，漢字を調べる上で，どんなことに目を向けたらよいかを，調べながらつかみます。

「漢字学びの視点」をつかむと，子供たちは，自主学習につなげます。すぐに，同じような「部首調べ自学」に取り組んできます。

「調べ型」テストが，自主学習のヒントになるのです。テストと自主学習はリンクしています。リンクするように仕掛けていると言ってもよいです。

家に帰っても，漢字辞典を引く。調べることを楽しむ。

その姿を見て保護者が褒め，一緒に自主学習に取り組むことがあります。これが5章の「親子自学」へとつながっています。

5 「漢字リンピック」で学び方が変わる！

いろいろな学級で取り組まれている漢字ミニテスト。私の学級でも行っています。**「漢字リンピック」**と呼んでいるものです。

制限時間は，5分です。

下のプリントのように，文章の形で問題を出しています。

漢字は，文の中で使えてこそ力を発揮すると思っています。1章でも述べたように，中・高学年では**「タイムリー効果」**をねらい，漢字が文の中で登場した形で，漢字と出会わせています。

文の形でテストすると，意味を考えて漢字を思い浮かべる。

意味が分かると，漢字をすらすら書くことができます。だから，5分です。

「漢字リンピック」という名前にしているのは，その裏に**「努力」**という言葉を隠しています。

オリンピックで「金メダル」を取ることは簡単ではないです。漢字リンピックでも，全問正解するためには，努力がいります。

時間をかけて学んできたことを活かす。

そういう意味を込めているのです。

子供たちは1・2章で紹介してきた「場」を活かして，漢

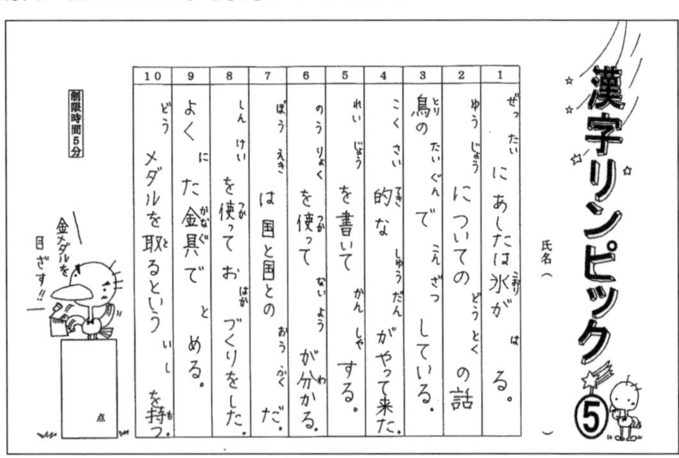

字との再会・出会いを積み重ねています。その過程で，楽しみながら「努力」を重ねています。

その努力の成果を「漢字リンピック」という場でも発揮します。

ところで，漢字リンピックには**「ステージ」**があります。

１ステージが10までです。10まで来たら，次のステージに行きます。例えば，下のプリントは「第２ステージ３」です。少しレベルが上がっているのが分かると思います。

「読み仮名」問題が入る。３文字漢字も入る。第１ステージとは変わっています。これもまた，**変化のある繰り返し効果**を仕掛けています。

制限時間も「７分」になっています。この７分は**「プラスワン」**を待っているという意味を込めています。

早い子は，４分もあれば書き上げます。

その後が大切です。**「もう一歩先の努力」**をするかを見ます。

漢字リンピック
☆第2ステージ
3
氏名（

1 しんかんせん は げんざい とても速い。
2 ひと り言を言う たいど はやめなさい。
3 さくら を見に行くのを きょうぎ する ゆめ。
4 台風に そな えるのにも な れて しゅうり も得意。
5 この薬が き くか たし かめる しつもん をする
6 こくさいてき なテロの かのうせい がある。
7 ふきそく な生活を いとな むと病いを まね く
8 きんぞく を せっそく して けんさ をする
9 個人（ ）の限界（ ）を絶対（ ）に知りたい
10 編み物（ ）を容易（ ）にやる人は手本を示す

制限時間7分
第2ステージには【読み仮名】も出ます。3文字漢字も。
点

いろいろな「場」で布石を打っているので，早い子は「裏に漢字を書く」ということをします。

ちなみに，この漢字リンピックでは時折「協力して取り組む」場も設けます。個人種目ではなく，団体種目という発想です。

協力すると，どんな姿で「漢字リンピック」に向かうかを見ます。どの子も**「一緒懸命・一瞬懸命・一笑懸命」**に解きます。その姿を認め褒めることが，次のモチベーションを高めていくようです。

いつでもどこでも！「発見型テスト」で漢字指導

発見型！ 身の回りの物から漢字テスト

「身の回りの物から漢字テスト」というものがあります。

身の回りにたくさんの漢字が使われていること，それに目を向けさせるテストです。

下に書いてある「食・天・村・生・馬・百・子・長・美」という漢字を見つけるものです。

見つけた漢字によって，得点が違います。

同じ漢字が何度も登場することもあります。例えば「食」を2個見つければ，200点になります。

> **発見すること，これは誰でもできる。**

ここに**「全員力」**を高める仕掛けがあります。全員が必死に取り組めるテストなのです。

低学年の子でも，喜んで探します。もちろん，制限時間はいつものようにあります。5分です。「5分**も**ある」という意識を育てるためです。

１回目の時は，３分経った頃に友達と教え合ってよい時間を設けます。学び合い，助け合い，教え合いです。

学びは互いに高め合うことで，力が何倍にもなると話しています。１位になることも素晴らしいですが，それ以上に互いに高め合うことが素晴らしいこと，それが**「全力・前力・善力・然力」**になると言っています。

このプリントは，すぐに作ることができます。

どこにあるかな？

ここに
新聞を貼ります。

今　日　田　母　名　百　小　工　女　時

合計　点

新聞等を貼って，探す漢字を指定するだけです。

当然，子供たちも自主学習で，マネッコをしてきます。

自分で探す漢字を決める。そのために，新聞を細かく読む。それが，漢字との再会・出会いの場となっています。

もちろん，新聞でなくてもよいです。

コンビニのチラシ・お菓子の袋・食品のラベル・パンフレット

など，どんなものからも「漢字発見」をすることができます。

「身の回りのいろいろな物から漢字発見」プリントを作成して，子供たちにテストとして，挑戦させています。

「先生，これテスト？」

テストとは，漢字や読み仮名を書くものという固定概念を覆します。漢字との出会いを楽しむのが「テスト」。そう話しているのです。

こういう「場」があるから，子供たちが漢字を楽しむようになります。

２ 発見型！ 教科書・辞典から漢字テスト

下のような漢字テストがあります。

これは，教科書や辞典を見て，指定された送り仮名の漢字をどれだけ見つけることができるかのテストです。制限時間は，７分です。

教科書の巻末に付いている「漢字一覧」を見ると，意外に見つけることができる。

その探す時間を大切にしているのです。当然，多くの漢字に目を通すことになります。漢字との再会です。その中から「送り仮名」にこだわって探す姿をじっと見ておきます。

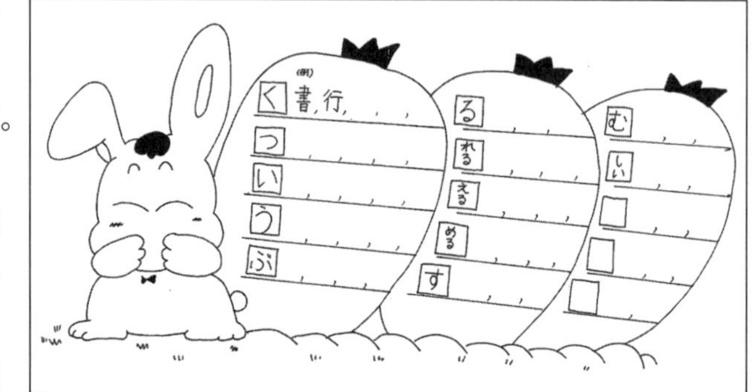

どの子も真剣です。限られた時間内で，できるだけ多くの漢字を見つけようとしています。

ここでも，４分経った頃に**「学び合い・助け合い・教え合いタイム」**を設定します。教え合ってよいと思っています。

点数に差をつけさせるために，テストをしているのではないです。漢字を楽しむ，漢字が友達・親友になるように仕掛けているのです。

７分後，子供たちが「あー，よく探した」と自信をもって言えるように「場」をつくっています。

当然，全員のプリントを掲示します。全員力と称して，１日だけ掲示します。調べた「差」があっても，一人一人が頑張った「事実」が素晴らしい，と掲示したものを示しながら話しています。

「差」はあって当たり前。「差」があるからと「差別」したら，それは人として恥ずかしいこと。みんなの頑張りに目が向く人が，善力のある人。

こういう「場」が，学び田・心田を耕す瞬間だと思っています。

教科書や辞典から漢字テストをするネタは，たくさんあります。

- 画数・部首・同訓同音
- 限定問題
  →右のプリントのように「動物・植物・体・天気・色・自然・動作」など

名前

1 動物の漢字を集めよう!! 習っていない漢字もOKだよ!!

ア 牛　イ　ウ　エ　オ　カ

2 植物の漢字を集めよう!!

ア 木　イ　ウ　エ　オ　カ

3 体の漢字を集めよう!!

ア 口　イ　ウ　エ　オ　カ

4 天気の漢字を集めよう!!

ア 雨　イ　ウ　エ　オ　カ

5 色の漢字です。なんと読むでしょう!!

ア 赤　イ 朱　ウ 茶　エ 黄　オ 空　カ 紫

キ 鼠　ク 紺　ケ 藍　コ 青緑　サ 苔　シ 鶯

いろいろな視点で，漢字探しに挑戦できます。

そのたびに，教科書の巻末の漢字を見たり，漢字辞典を引いたりします。当然，慣れて熟れます。

その学習方法の積み重ねをしていると言ってもよいです。

これとリンクしているのが，学級文庫の漢字本。更に，図書室に行って限定問題につながる漢字探しです。

自主学習に，学校では習わない「動物・植物・体・天気・色・自然・動作」などの難漢字を書いてくる子が，出てきます。これが更につながり，学級文庫に備えつけられている「いろいろな辞典・字典・事典」を何度も紐解くようになるのです。

3 発見型！ 答えを見ていい漢字テスト

特別支援学級を担任していた時，７人の情緒・自閉学級の中にLDのお子さんがいました。６年生で１年生の漢字を書くことがやっとだった子です。

そんな子が，１年間で６年生の漢字まで覚えてしまいました。それは，下の**「答えを見ていい漢字テスト」**がきっかけです。

- 右が「読み仮名」，左が「書き」のテスト。
- １回目の読みのテスト。左の「書き」の部分を見ると答えが書いてあるので，見てよい。
- 読み仮名を書き終わったら，１回目の「書き」の□を埋めていく。これもまた，読み仮名の方を見てよい。
- 続いて，２回目の「読み」。今度は，１回目の読み仮名を見て書いてよい。
- 最後は，２回目の「書き」。これも１回目の書きを見てよい。

見てでも全部埋める。「やり遂げる」ことを学ぶ場です。

面白いのは，LDだった子は，段々と２回目に答えを見なくなったのです。「見なくても大丈夫。覚えた。」と言って，どんどん書いていったのです。

答えを見てよいという安心感が，漢字を書くことは難しいことではないという自信を生み出すようなのです。

先生，このプリント10枚ください。家でもやりたい。

そう言って，家でもやるようになりました。

右の写真は，どんどん「山のようにたまっていったプリント」です。

やった事実を**「見える化」**することで，子供自身，どんどん自信をもったのです。もちろん，この「事実」を保護者と一緒にうんと認めて褒めます。

これは，通常学級の子供たちも同じです。

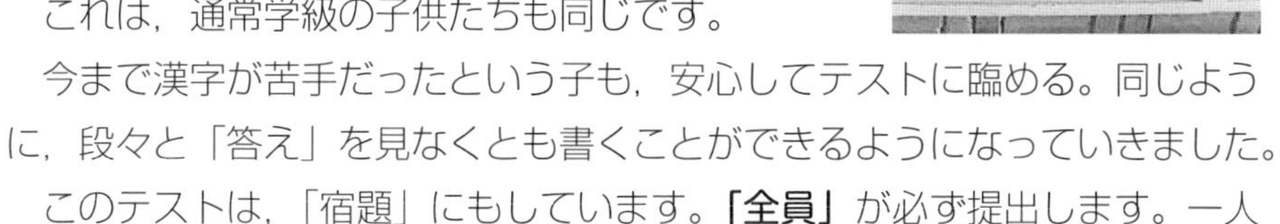

今まで漢字が苦手だったという子も，安心してテストに臨める。同じように，段々と「答え」を見なくとも書くことができるようになっていきました。

このテストは，「宿題」にもしています。**「全員」**が必ず提出します。一人で何枚も出す子がいます。その**「頑張り事実」**を，うんと褒めています。もちろん，丁寧さも褒めます。

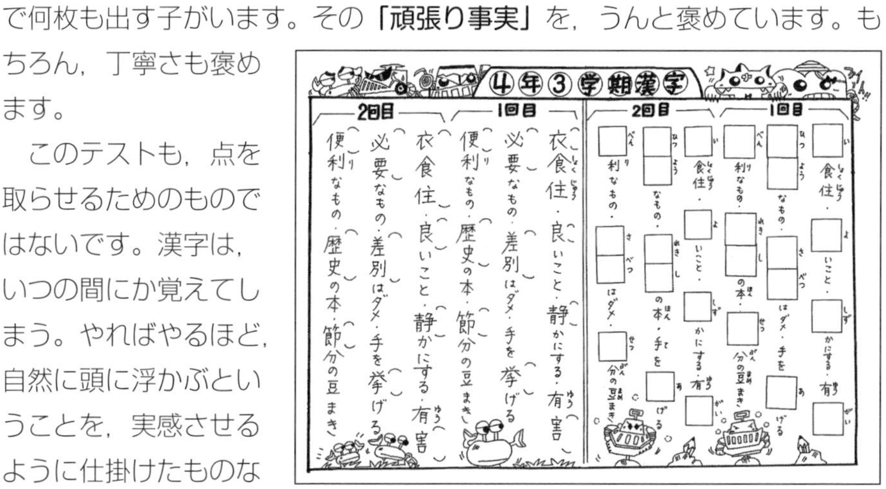
④年③学期漢字
1回目
衣食住・良いこと・静かにする・有害
必要なもの・差別はダメ・手を挙げる
便利なもの・歴史の本・節分の豆まき
2回目
衣食住・良いこと・静かにする・有害
必要なもの・差別はダメ・手を挙げる
便利なもの・歴史の本・節分の豆まき

このテストも，点を取らせるためのものではないです。漢字は，いつの間にか覚えてしまう。やればやるほど，自然に頭に浮かぶということを，実感させるように仕掛けたものなのです。

4 発見型！ 間違いを見つける漢字テスト

２章の「ゲーミフィケーション型掲示・発見編」で紹介した「漢字発見」。これとリンクしているのが「間違いを見つける漢字テスト」です。

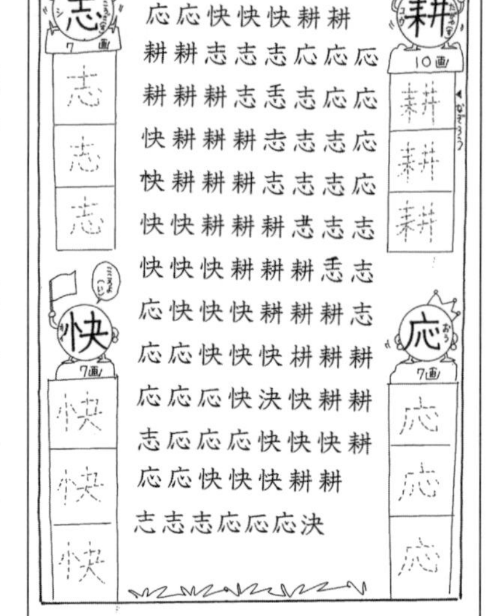

制限時間５分で行うのが，右のような簡単な漢字発見です。

４つの漢字「志・耕・快・応」の間違っている漢字を探し，丸を付けるだけです。最後に，点線の漢字をなぞり書きして，仕上がりです。

もちろん，帰りの５分テストです。友達と一緒に，**一緒懸命**に頑張って取り組むものです。

わいわい楽しそうに，間違いを見つけます。早い子供たちは，３分程度で見つけます。

もちろん，ここでも残りの２分を，２分もあると思って**「プラスワン」**をします。最後までやり通す，やり抜く力を身につける「場」だと思っています。

知的学級掲示とリンクしているだけに，説明をしなくてもさっと取り組むことができます。「どうぞっ」という一言だけでよいです。

何をしたらいいか，子供たちの**「暗黙知」**になっているのです。

無駄な指示を出さない。子供たちの中に，暗黙知を増やす。

それもまた，漢字定着５システム指導法の土台づくりなのです。子供たちの学び田を耕せば，指示が少なくても子供たちは動きます。

右の「間違いを見つける漢字テスト」は，少しレベルアップしたものです。

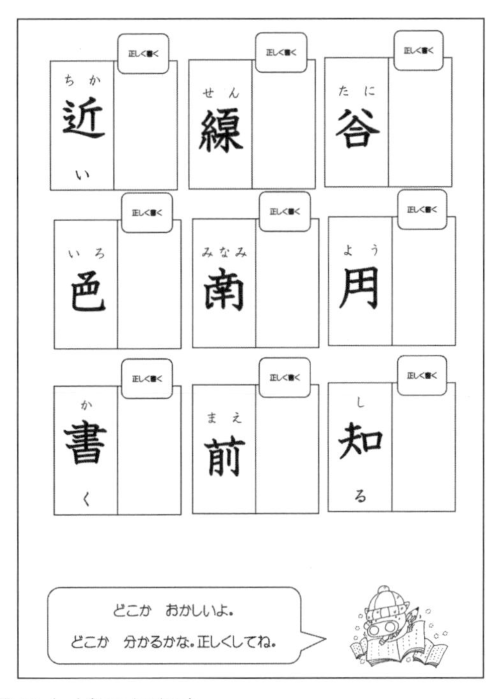

正しく書き直す。

まず，おかしな部分に赤で印を付けます。その上で，正しく書き直すのです。

これは，はじめは一人で取り組ませます。

制限時間５分なので，残り２分になったところで，友達と確認し合ってよいことにしています。

友達と見せ合うことで，友達がどんな字で書いているかも確認することができます。

「いいモノマネ・マネッコ」をするといいですよと言い続けている子供たちは，字の上手下手を気にせず，丁寧に書く子がどんどん増えてきます。

ちなみに，この「間違いを見つける漢字テスト」は，自主学習へと進化していきます。

子供たちは，自分で「間違い漢字」を作って，そのそばに「□」を書いた問題を作ります。

問題を作る過程で，しっかりと漢字と再会・出会いをしています。何度も目にする。どこを間違えた漢字にしようと考えます。

「試行→思考→志向」の学びのキーワードが，こういうところで芽を出していることを実感することができます。

1 授業
2 教室環境
3 テスト
4 宿題
5 自学

5 発見型！ 部分から漢字を想像するテスト

「部分から漢字を想像する漢字テスト」は，右のようなものです。

これもまた，朝や帰りの5分で行うものです。

漢字の一部分しか見えていません。そこから，どんな漢字かを想像して□の中に，答えを書く。

右のプリントのように，

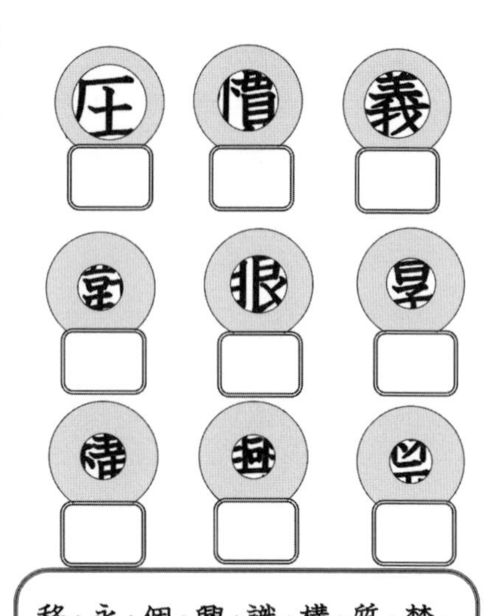

ヒントの漢字がある

場合は，意外とさっと見つけることができます。

どの漢字かなぁと，限定的に考えることができるのです。

ただし，いつも「ヒント」を付けることはしません。

> 今日は「ヒント」なしです。3つ分かったら，100点花丸モグラ付きです。それ以上分かったら，フォークやお肉が付きます。では，どうぞ。

そう言って，5分間のテストをスタートします。

ここでも，はじめのうちは学級の実態に合わせて，友達との相談タイムを設定してもよいです。もちろん，教科書や辞典を調べてもよいです。

それでも，なかなか簡単に見つけることができないだけに，細部をしっかりと見直す子供たちに育っていきます。

ところで，右のようなレベルアップ型もあります。

- **見える部分が少ない。**
- **よく見ないと，どんな漢字か想像できにくい。**

こういう場合は，ヒントの漢字を付けます。

ヒントの漢字を何度も見直しては，またわずかに見える漢字の部分に目を向けます。

冬・古・兄・夜・光・元・内・首・
午・外・父・少・羽・万・止・点・
会・弟・北・形・台・肉・社・合・

こういう「発見型」の漢字テストは，覚えるテストとは違い，覚えるのが苦手な子でも，大活躍します。

細かく見ることが得意な子が，結構いるからです。こういう**「学びの逆転現象」**が起きることで，誰もが活躍する学びの場に変わります。**「善力」**が発揮され，互いに認め合う土壌が耕されるのです。

子供たちは，見事に5分で答えを当てます。「万・点・弟・内・父・午・冬・夜・元」です。

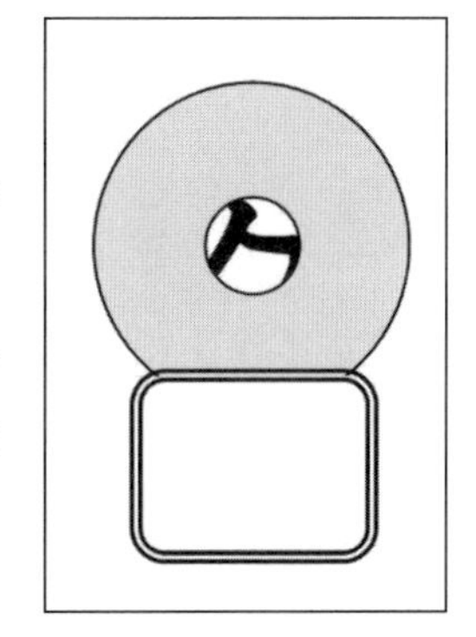

この「部分から漢字を想像する」カードが，知的学級掲示として貼られています。

掲示の時は，ヒントなしです。帰りに答えを発表します。子供たちは，掲示を見ながら**「漢字の想像」**を対話・会話して楽しんでいます。

深く学ぶ！「挑戦型テスト」で漢字指導

挑戦型！　どれを漢字にできるか究極の漢字テスト

「そのまま」を漢字にできますか。

この「究極の漢字テスト」を実施すると，この「そのまま」を書ける子供たちが次々と出てきます。

辞典で調べると「其の儘」と書きます。「儘」は漢検準１級に出る難漢字です。それなのに，多くの子が書けるようになります。

では，「究極の漢字テスト」というのは，どういうものか。それは，下のプリントのように「全てを平仮名」にしたものです。

この文を読み，漢字にできるものを全て漢字にするのです。もちろん，漢字辞典などを使います。

これは，挑戦型のテストです。子供たちが漢字を友達・親友にし，漢字を学ぶことが待ち遠しい姿になった頃に挑戦させています。

時間は10分。

10分で，辞典を使ってどんどん漢字変換していきます。

いつものように，友達と**「一緒学び」**させています。

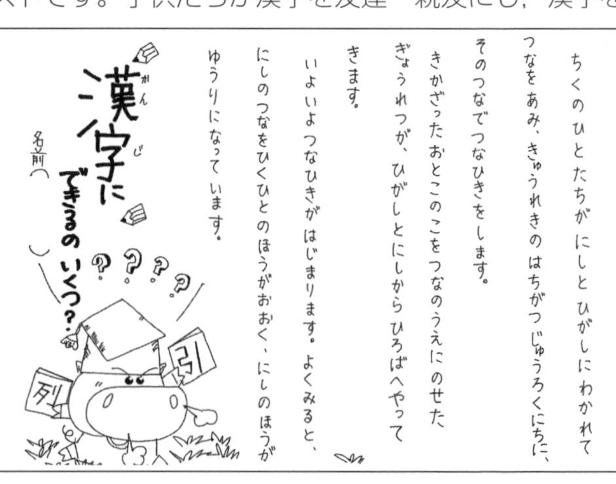
ちくの ひとたちが にしと ひがしに わかれて
つなを あみ、きゅうれきの はちがつ じゅうろくにちに、
そのつなで つなひきを します。
きかざった おとこのこを つなの うえに のせた
ぎょうれつが、ひがしと にしから ひろばへ やって
きます。
いよいよ つなひきが はじまります。よくみると、
にしの つなを ひく ひとの ほうが おおく、にしの ほうが
ゆうりに なって います。

「地区の人達が，西と東に分かれて綱を編み，旧暦の八月十六日に，其の綱で綱引きをします。」

こんな風に，難しい漢字も辞典で調べ，どんどん漢字変換します。

覚えるために辞書引きさせているのではないです。

漢字を入れると，文を読んでいても意味が分かりやすい。漢字を上手く使うことで，人に言いたいことを伝えることができる。

そう実感させる「場」として，仕掛けているのです。これが，作文指導とリンクし，**「漢字を使う大切さ」**を自然と学んでいきます。

漢字定着５システムは，漢字を自然と覚えてしまう土壌づくりと同時に，漢字を使う大切さを意識する心田を耕す指導法なのです。

ちなみに，この「究極の漢字テスト」の布石として，社会科の授業の時に右のようなプリントをさせることがあります。

教科書文を漢字に変換する。

社会科は，漢字で書く用語が多いです。漢字で書くことで，意味がよく分かります。

漢字の定着は，国語の時間だけでなく他の教科とリンクして行うことが多いです。

いろいろな「場」で取り組ませることで**「場力→馬力」**に変わり，学び欲が高まっていきます。

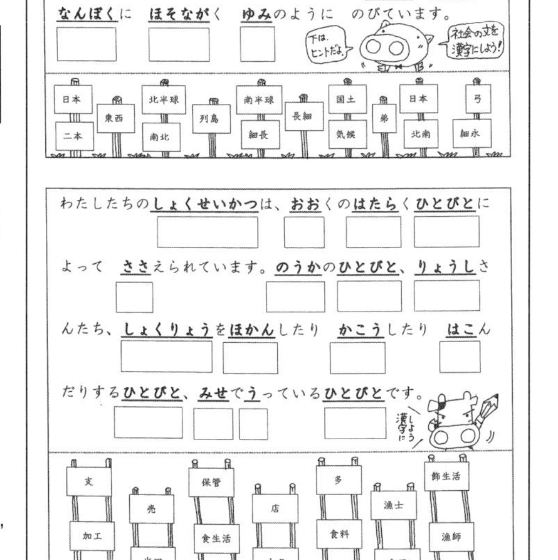

2 挑戦型！ 家に持って帰って行う漢字テスト

漢字テストは，学校でやるもの。そうとは，限りません。家に持って帰ってやってくるというテストがあります。

「宿題」ではないです。「テスト」です。例えば，次のようなものです。「当て字」の読み方を８個調べ，更にプラスワンするというものです。

- 家族に，読み方を聞いてもよい。
- 辞典やネット等で調べてもよい。
- 「当て字」10個プラスワンを，人に教えてもらったり本を写したりしてもよい。

当て字

①百足 ②鰯 ③海老 ④蒲公英 ⑤寿司 ⑥煙草 ⑦合羽 ⑧角力

当て字を見つけたら書こう.!!

① ② ③ ④ ⑤ ⑥ ⑦ ⑧ ⑨ ⑩

これは，きっちり**「やり抜く・やり遂げる」**かを見るテストなのです。

今はネットがあるので，すぐに調べることができます。それも OK です。調べることが，漢字との再会・出会いを生み出すからです。

すごいのは，裏まで「当て字」について調べてきたことを書く子がたくさん出てくることです。中には，自主学習ノートに**「続き学び」**をする子も出てきます。

次のプリントも「宿題」ではないです。「テスト」です。「テスト」にするのは，プリントに対する意識を変えるためです。

下のプリントは，簡単です。

簡単だけれど，**「テスト→試すもの」**だから「ちょっと**手間**をかけよう」と思うように仕掛けています。

下のプリントをテストとして持って帰らせると，こんなひと手間をかけてくる子が結構出てきます。

- 水草（みずくさ）→草水はあるか。クソウズとある。石油の古称。
- 立木→たちき，りゅうぼく，2つの読み方がある。
  木立→逆にすると，こだちになる。
- 白金→はっきんと読む。プラチナのこと。

知っている熟語だけを組み合わせるのではなく，いろいろな人に聞いたり辞典等を調べたりして，そんなものまで調べたのという熟語を探してきます。

これが，家に持って帰らせて行うテストのよさです。

もちろん，学級通信で紹介したり，掲示したりします。

当然，自主学習につながっていきます。

熟語追究名人が続々と生まれていきます。

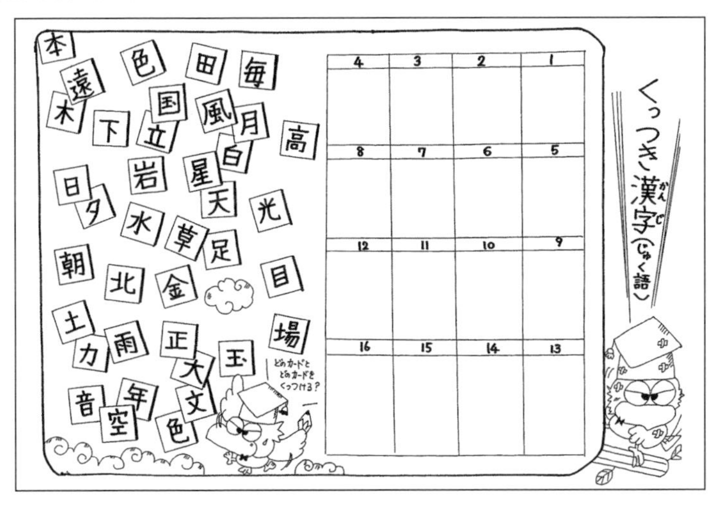

3 挑戦型！ どうやって覚えるか思考漢字テスト

３年生で習う「寒」という漢字。

ある子供が，こんな風に覚えたらいいよとお父さんに教えてもらったと話してきました。

> うっさん ぼうぼう はってんてん
> （ウ 三 ｜ ｜ 八 点々 ）

「寒い」という漢字を楽しく覚える方法を，保護者が教えてくれたのです。子供は，ばっちり覚えたと言います。

これと同じように，覚え方を工夫した問題がテレビでよく出てきます。

右の漢字の読みは「バラ」です。読むことはできても，なかなか書くことはできません。

これは，次のような覚え方をすると書けるようになると，いろいろな本等に出ています。

> 草の下 土人２人が グルグル ビー
> 草かんむりの下に 土を書いて 人 人 回るがグルグル
> び→微に「横棒一」を入れる

これも一つの覚え方です。難漢字を工夫して覚えようと，ひと手間かける。それが，素晴らしいです。

これをテストにしたのが**「どうやって覚えるか思考漢字テスト」**です。

このテストはレベルが高いので，子供たちの漢字友達度が高くなった時に行います。それも，グループテストの形です。

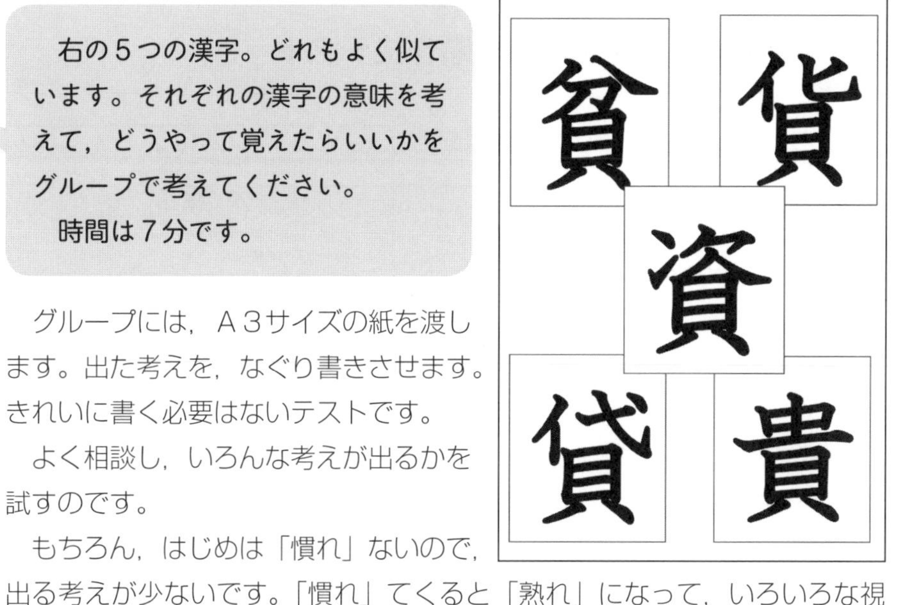

右の５つの漢字。どれもよく似ています。それぞれの漢字の意味を考えて，どうやって覚えたらいいかをグループで考えてください。

時間は７分です。

グループには，Ａ３サイズの紙を渡します。出た考えを，なぐり書きさせます。きれいに書く必要はないテストです。

よく相談し，いろんな考えが出るかを試すのです。

もちろん，はじめは「慣れ」ないので，出る考えが少ないです。「慣れ」てくると「熟れ」になって，いろいろな視点から考えた学びの足跡が，なぐり書きされます。全て，掲示します。他のグループを見て学ぶから，進化・深化・広化していきます。

> 貧しい→**貝**を**分**けてあげる。　　貸す→**貝**の**代**わりに違うものを貸す。
> 資→**貝**の**次**に出てくる資料は何？　貨→**貝**が運ぶ途中に，何かに**化**けた。
> 貴→**貝**がいろいろなものの**中**で一番いい。

こんな言葉がたくさん書かれています。

全てまるごと認めます。７分間，答えを一つに決めるのではなく，いろいろと考えて出す。その姿をチェックしておきます。

ちなみに，この紙を家に持って帰って，いろいろな人に「覚え方」を尋ねて，自主学習ノートにまとめる子が出てきます。**「続き学び」**です。しつこく考え続けることで，漢字がより身近なものになっていきます。

4 挑戦型！ 漢字の書き順作成テスト

右のプリントは，漢字の書き順作成テストです。

これを５分で作ります。

- □の中に，下に示した「無」の書き順を一つ一つ丁寧に書き込んでいく。
- 根気がいる作業。できたら「音読み・訓読み・部首」を書いて仕上げる。

この挑戦型テストは，子供たちの「頑張り続ける・やり遂げる」力を確かめるものです。

私の学級には，**「花心（はなごころ）・根心（ねごころ）・草心（くさごころ）・素心（そしん）」**という学びの合言葉があります。

相田みつをさんの「花を支える枝 枝を支える幹 幹を支える根 根はみえねんだなあ」という言葉を使って，４つの心を説明しています。

> 花のように，そこにいるだけで周りを幸せにする。根のように，見えないところで頑張り続ける。草のように，踏まれても踏まれても頑張り続ける。そして，一番大切なのが「３つの心」に近づきたいと思う素直な心＝素心。そんな４つの心を目指す人は，何事にも頑張り続けます。
>
> みんなの頑張っている姿に，この４つの心の言葉を感じます。ありがとう。

これもまた，５システム指導法の土壌を耕す場です。

漢字の書き順を一つずつ書くのは，大変な作業です。面倒なことです。でも，それを頑張り続けて仕上げる。

その姿が「漢字が友達になり，親友になっていっている」事実です。学びの実がなっていくのを感じます。

レベルが上がって，下のプリントのように５つの漢字の書き順を書かなくてはいけない。それも５分。子供たちは，集中して作業を進めます。しっかりと，ドリルの書き順などを見て，一つ一つ確かめながら，書き進めていきます。

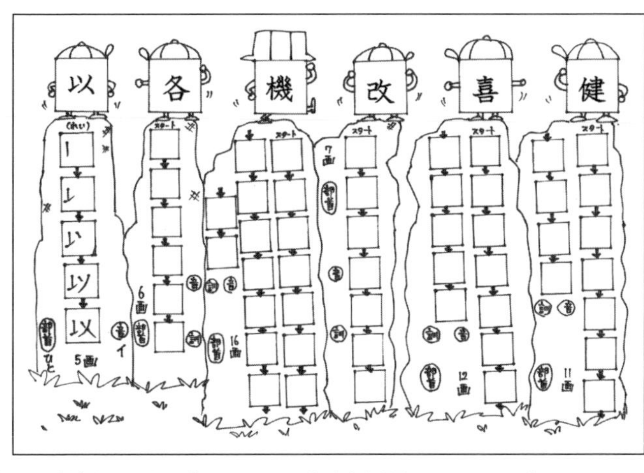

途中，失敗する子もいます。

全く問題ないです。

全部できなくてもいいテストです。**「やり遂げよう・頑張り続けよう」**と思う心が培われればいいテストだと思っています。

５分でできなかった子が言います。「家で，続きをさせてください。」と。もちろん，OK です。

こういう子は，家に持って帰ると必ず，プラスワンをしてきます。裏に漢字練習をしたり，熟語を書いてきたりします。

それを学級通信で紹介。知的学級掲示にもします。他の子の**「いいモノマネ・マネッコ」**の手本にしています。

ちなみに，書き順を意識すると，漢字との出会いの時にじっくりと漢字を見るようになります。**「見たら見える」**子供たちになります。この事実が積み重なると，漢字のミスが減り，漢字がより友達になります。

5 挑戦型！　スピード漢字カード取りテスト

１章・２章で紹介した「漢字カード」。これを使って挑戦型テストをすることがあります。

拙著『国語授業が100倍盛り上がる！面白ワーク&アイテム大事典』の中にある，「同音・同訓異義語トランプ」を活用しています。

同音・同訓異義語トランプ

指す　さ

指で示す。目指す。しょうぎをする。

- 場に，トランプを10枚広げる。
  例えば「指す・差す・測る・量る・熱い・暑い・覚める・冷める・以外・意外」
- 一枚，意味を読む。例えば，右の「指す」。
  「指で示す。目指す……」
- その瞬間，さっと「指す」を取ることができるかを試す。
- 続いて「同音・同訓異義語！」と言う。
  さっと「差す」を取ることができるかを見る。
- ３枚目は意味。４枚目は「同音・同訓異義語」と言う。これを10枚目まで繰り返す。

これを**「スピード漢字カード取りテスト」**と呼んでいます。取るための時間は，わずか３秒です。

「１・２・３」と言う間に，漢字カードを見つけることができるか。それを見ています。場には10枚あるので，全員確実に取れます。

教師が「意味を言う」「同音・同訓異義語」と言うまでに，場にあるカードの漢字を，しっかりと見ているからです。

ちなみに，このテストはトランプが全員分あるのでできるテストです。

先の本からダウンロードして，普通紙に印刷し，子供たちに配ると**「ほんのちょっとのひと手間」**で，このテストを行うことができます。

このテストに挑戦させることで，

漢字の意味に目を向ける。同音・同訓の漢字がたくさんある

ことを強く意識するようになります。こういうテストを通しても，子供たちにとって**「漢字が友達・親友」**になっていきます。

更に，こんなレベルの高い「スピード漢字カード取り」テストもします。

先の拙著から「部首漢字カード」を印刷します。

漢字が完成するかな！
才
閉

「『部首・もんがまえ』と言います。」
→子供たちは，もんがまえで漢字が完成するカードを探す。例えば，右の「才」カードは「閉」になる。

これは，部首に目を向けるようになるテストです。少しレベルが高いので，５秒にしています。

レベルは高いですが，場のカードを10枚にしているので，「絵のそばにある漢字ヒント」をしっかりと見続けます。

漢字が完成するかな！
至
室

このような「漢字をじっくり見る」目を育てる場になる漢字テストなのです。

いつも話をしている**「眺める→見る→よく見る→見続ける→見抜く・見取る」**レベルが活きる場です。

もちろん，この話を子供たちにもして，うんと認め褒めます。成長を実感させます。

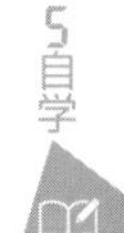

3章
学びのキーワード

- □ 何級型
- □ 変化のある繰り返し効果
- □ 暗黙の了解
- □ ヒント付き
- □ プラスワン心
- □ もう一歩の頑張り
- □ もう一歩先の努力
- □ もう一歩先に進もう
- □ 付け足し型
- □ 調べ型
- □ 漢字学びの視点
- □ 漢字リンピック
- □ 全員力
- □ 漢字との再会・出会い
- □ 学び合い・助け合い・教え合いタイム
- □ 差と差別
- □ 答えを見ていい漢字テスト
- □ 事実の見える化
- □ 頑張り事実
- □ 暗黙知
- □ 試行・思考・志向
- □ 学びの逆転現象
- □ 漢字の想像
- □ 究極の漢字
- □ 漢字を使う大切さ
- □ テスト→試すもの
- □ 花心
- □ 根心
- □ 草心
- □ 素心
- □ 漢字が友達・親友

4章

どの子も漢字の時間が待ち遠しくなる！「宿題」で漢字指導

漢字テストへの布石「宿題漢字プリント」で漢字指導

1 挑戦！ 点つなぎ型宿題漢字プリントの秘密

下の漢字プリントは，子供たちが大好きな宿題プリントの一つ「点つなぎ型」です。

左の絵の中に**「答えになる漢字」**がヒントとして書かれています。

①激しい→②針→③忘れ物→④裁判所というように，四角の中に漢字を書いたら，左の絵の「点」をつないでいきます。

正しく漢字を書くことができると，下のような「鉛筆くん」の絵が完成します。

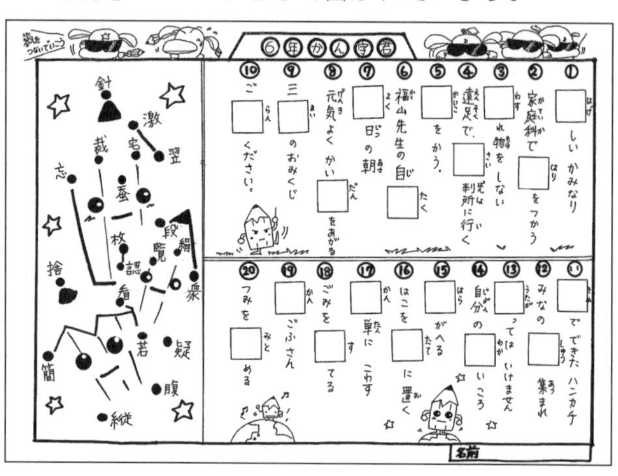

上手く絵が完成したかで，漢字が当たっていたかを確認することができるのです。

漢字ヒントがあることで，全員が必ずやってきます。もちろん，プラスワンもしてきます。色を付けたり，裏に漢字を書いたりしてきます。褒めることが，たくさん出てきます。

だから，子供たちは大好きなのです。一人で数枚同じものに挑戦する子まで出てきます。

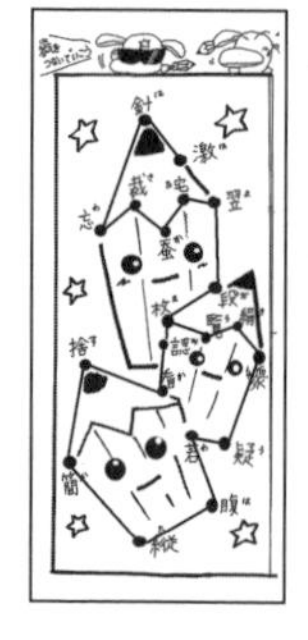

この「点つなぎ型」漢字宿題は，レベルが上がっていきます。

例えば，右のプリントは「同じ漢字を２回書く」というものです。「愛犬・愛犬」と２回繰り返します。時間がかかります。

でも，これを面倒と思いません。子供たちは**「２度確認」**という学びのキーワードを日頃からおさえています。

２度確認することで確実さが増すと，子供たちは実感しているのです。

下のプリントは，点つなぎの部分がレベルアップしています。

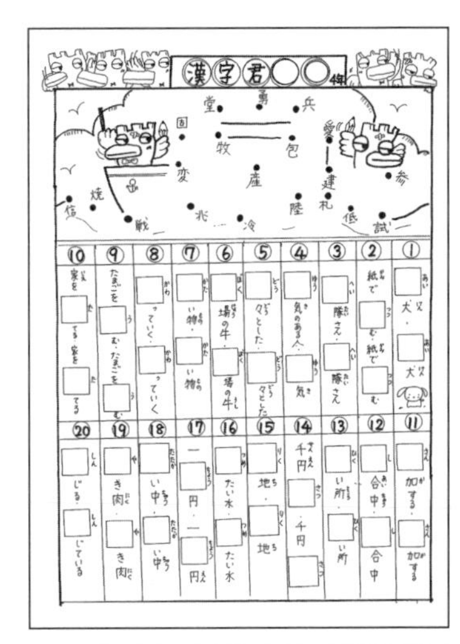

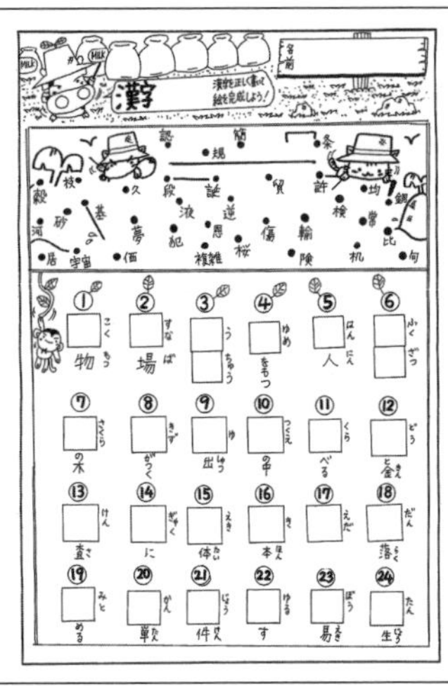

使わない漢字も混ぜている。

ひっかけです。

ひっかけの漢字があると，ヒントの漢字をよく見ます。その中から，必要な漢字を選び出す。

「見抜く・見取る」力が身につきます。

ちなみに，全て「手作り」です。「少しの手間・工夫」をしています。

先生が手作りしてくれた宿題

それだけで，子供たちも必死にやってくれます。

先生が自分たちのために頑張ってくれているという事実は，子供たちの心を動かすと実感しています。

2 挑戦！ 線つなぎ型宿題漢字プリントの秘密

右の本は，拙著『“ひとり学び”を鍛える面白ドリルワーク』（明治図書）です。

1990年に発刊した500ページぐらいの本です。先の「点つなぎ型」などの宿題プリントを多く掲載しています。自分が30歳の時のものです。その当時から，手作りプリントにこだわっていたのが分かります。

それは，子供たち全員が必ずやってくるからです。**「全員力→全力・前力」**をここに強く感じたからです。宿題は「やってきなさい」ではなく，「やりたくなる」ように仕掛けることが大切だと思うのです。学びのキーワード**「MUST → CAN → WILL」**を強く意識するようになって30年が過ぎています。

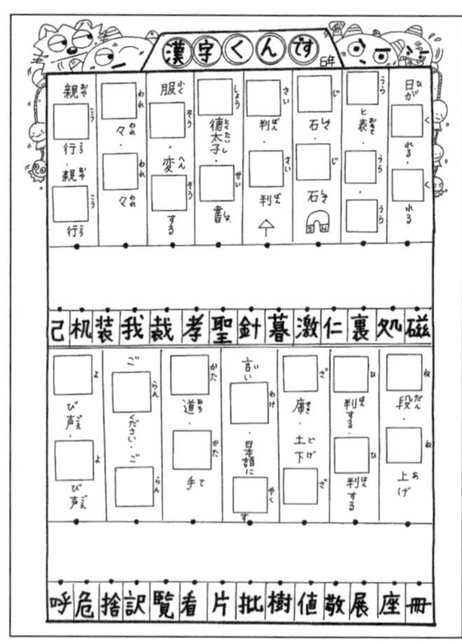

ところで，「点つなぎ型」と同じく人気が高いのが「線つなぎ型」です。

右のプリントのように，ヒント漢字の中から答えを見つけて，線でつなぐものです。

これもまた，難易度を上げようと思ったら，使わないヒント漢字を混ぜればよいです。

この「線つなぎ型漢字宿題」で大切なことは

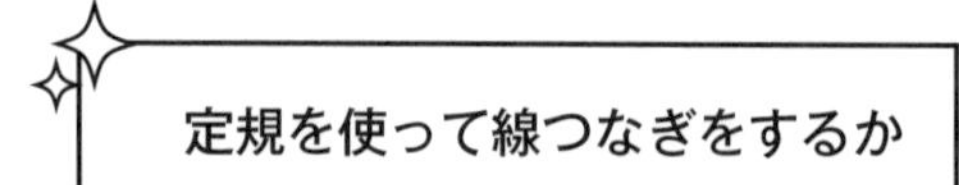

定規を使って線つなぎをするか

です。細かなことですが，定規を使って線を引くことは，子供たちにとっての**「ひと手間・工夫」**です。この「ひと手間・工夫」が，子供たち全員の中に浸透することが，漢字定着５システムの**学び田の肥やし**になります。

下のプリントのように，「漢字の成り立ち」に目を向けさせた線つなぎ。実はこれ，一度学校で取り組ませます。

漢字ドリルなどを見ながら，成り立ちを確認して線つなぎをする。

もちろん，友達と一緒に取り組ませています。確認し合いながら行うことで，力が倍増するからです。

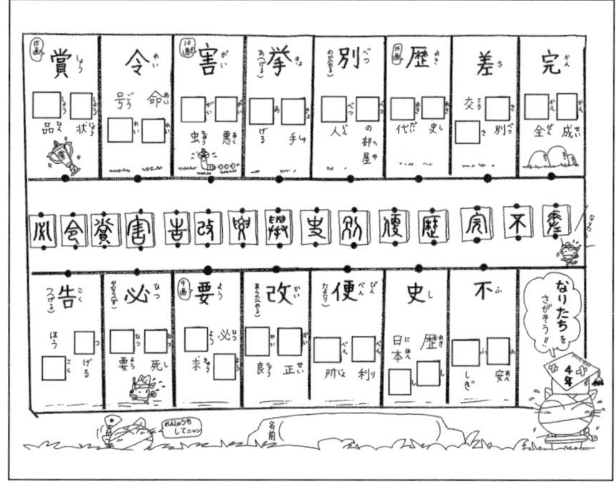

一度やっているから，家で自信をもって取り組める。全員が忘れることなく取り組みます。

ただ，プラスワンの差があります。この差が面白いのです。

どんなプラスワンを行ってきたか，紹介します。

紹介した後，３分だけ子供たちに与え，更にプラスワンをさせるのです。

人のプラスワンを見て学ぶ。マネッコをする。そんな「場」を時折設けるようにする。

これを**「全員経験の場」**と呼んでいます。

これもまた，５システム指導法には欠かせない「場」です。一人ではできないことも，みんなと一緒だとわずか３分でも学びが進みます。まさに**「一緒懸命・一瞬懸命」**な学びの場です。

3 挑戦！ 暗号型宿題漢字プリントの秘密

点つなぎ・線つなぎ型に続いて，子供たちが大好きな漢字宿題に「暗号型」というものがあります。

下のプリントのように，答えを探して暗号が何かを探るものです。

例えば，利益の反対は損失で「暗号は【お】」です。同じように，①から⑥までをやると，暗号は【おさるのもり】となります。

友達から【暗号】を教えてもらっても構いません。その暗号を使って，反対語を一つずつ確認することになるからです。

子供たちは，しっかりとプラスワンとして裏に「反対語シリーズ」を書いてきます。中には，自主学習ノートに，このプリントをそのまま視写する子までいます。

暗号があることで，ここでも「全員」が必ずやってくる。

宿題は，全員が進んで出すものでないとだめだと思っています。全員力になるためには，自分はこの問題を解くことができると思わせることが欠かせません。

点つなぎ・線つなぎ・暗号型にしても，子供たちに**「できる」**という意識をもたせる仕掛けをしています。

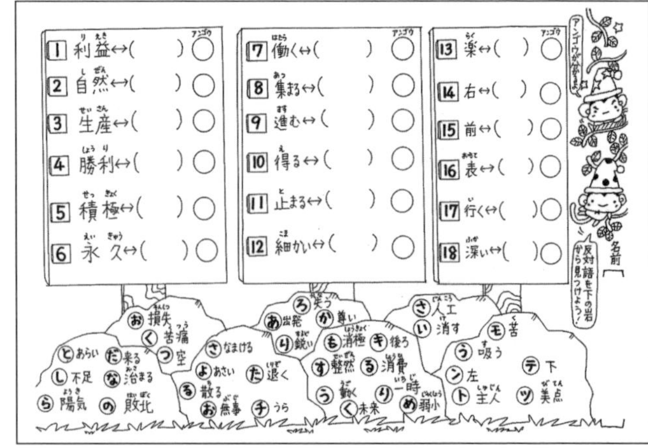
1 利益↔(　　) ○
2 自然↔(　　) ○
3 生産↔(　　) ○
4 勝利↔(　　) ○
5 積極↔(　　) ○
6 永久↔(　　) ○
7 働く↔(　　) ○
8 集まる↔(　　) ○
9 進む↔(　　) ○
10 得る↔(　　) ○
11 止まる↔(　　) ○
12 細かい↔(　　) ○
13 楽↔(　　) ○
14 右↔(　　) ○
15 前↔(　　) ○
16 表↔(　　) ○
17 行く↔(　　) ○
18 深い↔(　　) ○

右のような「暗号型」プリントもあります。ヒント漢字から答えの漢字を見つけて，その部分に色を付けるものです。

色を付けると，「暗号」が浮かび上がってきます。

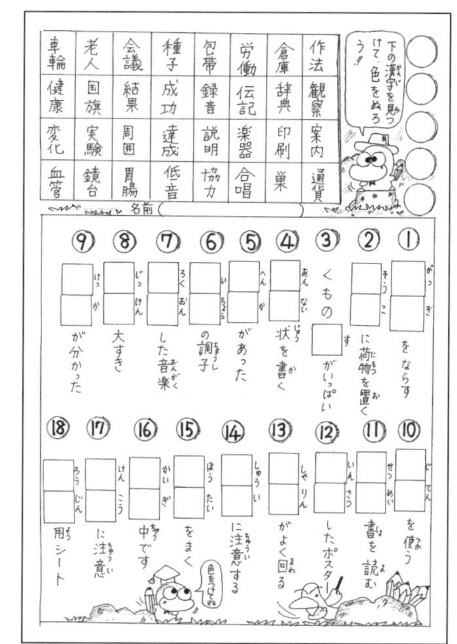

- **ヒント漢字**がある
  →安心が生まれる。漢字の確認ができる。
- **色塗り**が丁寧か
  →作業が丁寧か，適当にやっていないかを見ることができる。

一石二鳥の宿題漢字プリントです。

もし，色塗りが丁寧でない，漢字が□の中からはみ出していると，次のように言います。

「よくやっているねぇ。100点花丸です。もう少しで，モグラが付くなぁ。色塗りがおしい。漢字が□から出ていなかったらなぁ。」

挑発です。子供たちは，すぐにやり直します。その姿をうんと褒めます。

「ありがとう。さすがです。すぐにやる。これが，**やり遂げる**ってことですね。次のプリントも楽しみにしています。」

ちなみに，色を塗ると右のように「94」が出てきます。

「暗号の数字，どうなった？」

暗号型漢字宿題で，子供たちの対話・会話が活発になります。

友達と答えを確認する。このような「対話・会話の場」が自然に生まれるのが5システム指導法の効果だと思っています。

4 挑戦！ 迷路型宿題漢字プリントの秘密

点つなぎ・線つなぎ・暗号ときたら，迷路型です。迷路もまた，遊び感覚で取り組むことができるので，子供たちが大好きです。

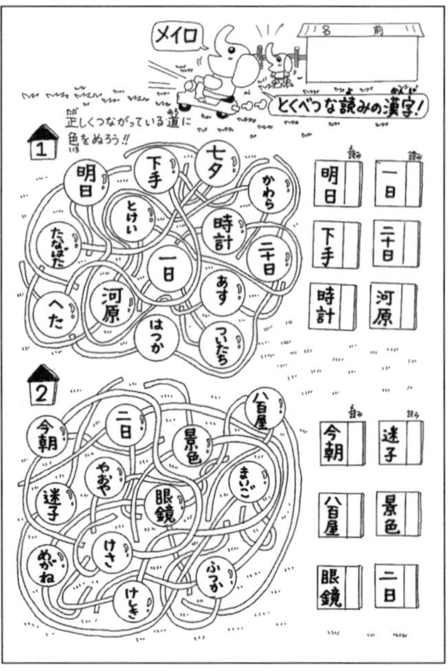

右のプリントは，迷路を上手く通ると「読み」にたどり着くものです。

例えば，「時計→とけい」に行きます。これは，初歩の初歩レベルの迷路です。5分でできなくてはいけない宿題です。

そうなると当然，もう一歩の工夫・努力です。プラスワンが必要になります。ただ，やればいいのではないです。

やり方を工夫する。ひと手間かける。

これを見る宿題漢字プリントです。

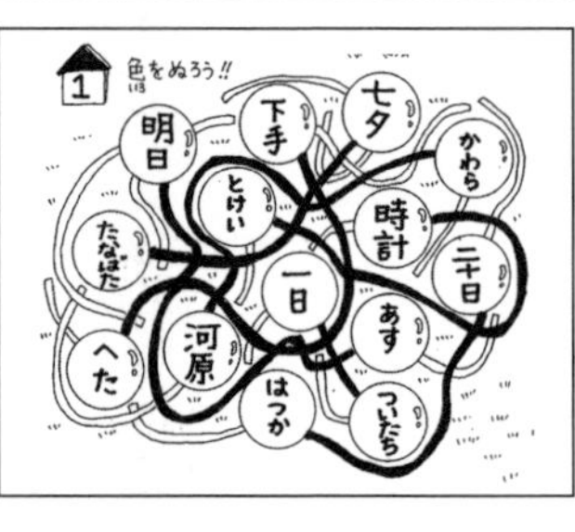

ここに**「差」**が生まれます。小さな「差」も積み重ねると大きな「差」になると，子供たちは**「学びの合言葉」**として持っています。

それだけに，一人一人が自分なりの**「ひと手間」**をかけます。

もちろん，どの子も迷路の道の色塗りが丁寧です。日頃の積み重ねが発揮される「場」です。

もし，こういう迷路を作るのが面倒だ，上手く作れないという方は，市販のものを使ってもよいと思います。もっと言えば，次のページの拙著『15分で国語力アップ！小学校国語科アクティブ・ラーニング型面白ワーク60』（明治図書）にも，多くのプリントを紹介しています。

ところで，右下の「迷路型」プリントは，**「2度活用」**するプリントです。

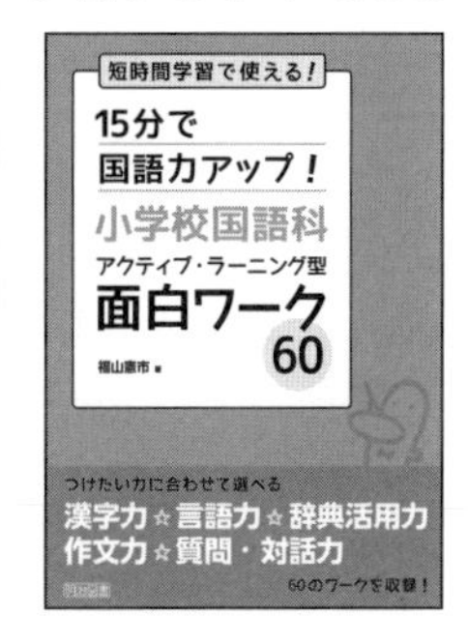

1度目：帰り学び5分
→一人学びさせることも，友達と一緒学びさせることもある
2度目：その日の「宿題」プリント
→一度やっているので，先が見通せる

2回やっても，子供たちは飽きません。帰り学びの時は，迷路に色を塗らせていないので，宿題プリントには丁寧に色塗りをします。

いつものように，プラスワンも必ずする子供たちです。

ちなみに，□の部分に答えを入れたA3サイズに拡大した宿題プリントを掲示しています。その時，わざと

間違いの漢字を□に入れる

のです。

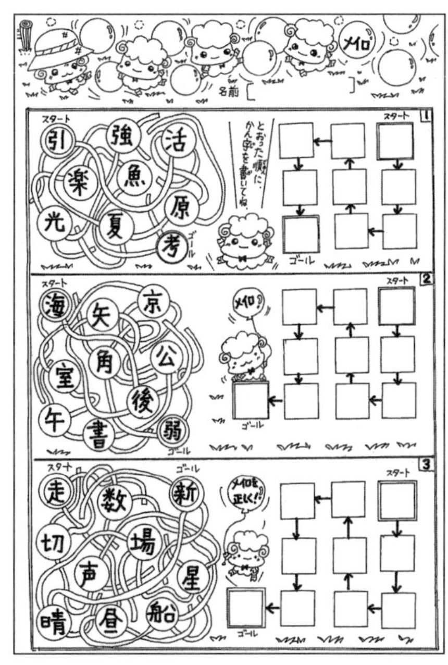

教師の間違いに気がつくか。

掲示物をよく見ているか。

眺めているだけでは気がつかないように，わざとここに書かれていない漢字を入れることもします。

「先生，3ヶ所間違っています。」

そう言う子が出てくれば，学び田が耕されているのを実感します。こういった仕掛けも大切にしています。

5 挑戦！ 宿題くんプリントの中で漢字の秘密

毎日の宿題は，漢字プリントだけではないです。下のような「宿題くん」というものを作成しています。

基本，算数と国語が多いのですが，社会・理科・図工・生活科・総合など多くの問題を入れています。

算数でも「点つなぎ型」を活用しています。子供たちは，あっという間に解いてしまいます。もちろん，全員です。

年によっては，計算・漢字が苦手な子供たちが多い時もあります。そういう時は，先に示したように「帰り５分」を使って**「全員経験の場」**を設定します。

友達と一緒にやることで，やり方のポイントを身につけることができます。ここで大切にしているのが，長くしない。絶対に５分にするということです。時間が限られているから**「一瞬懸命・一緒懸命」**になると思っています。

この「宿題くん」プリントの「点つなぎ型」漢字問題が，「点つなぎ型」漢字宿題とリンクしています。

単発で「点つなぎ型」漢字宿題が出ても，細かな説明をする必要がないです。

説明は短くし体験の場をうんと積ませる。

それが５システム指導法の場なのです。

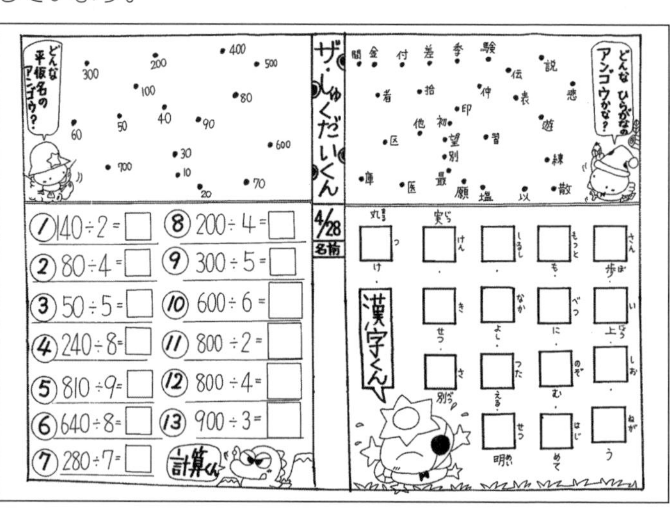

下の「宿題くん」プリントを見ると分かるように，「線つなぎ型」「ヒントあり漢字」「発見型」の問題を登場させています。その他，

- 作文を書かせることで，「漢字」をどう使うかを見る。
- 「台形・平行四辺形」を家の中で見つけよという問題で，身近な所に学ぶものがあることを意識させる。

余談ですが，スポ少・塾などで忙しく宿題ができなかったという子供がいます。

中には，家の用事で宿題ができなかったという子もいます。

でも，全員必ず「宿題くん」を出します。

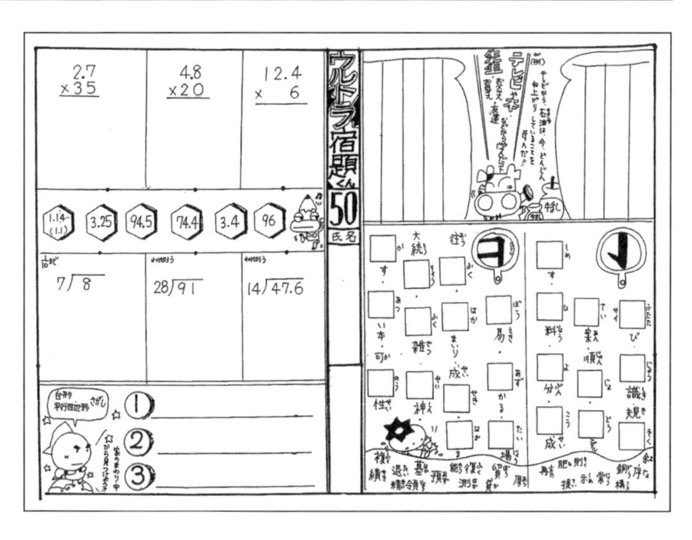

何かの理由がある時には，朝来てやってもいい。友達から教えてもらってもいいと伝えています。

大切なのは**「毎日やり続けること」**，その**「事実」**を積み重ねることだと話しているのです。子供たちに涵養されている学びのキーワードに，

1日休めば　3日戻る

というものがあります。どんな形であれ，やり続けること。そして，やり抜く・やり遂げることを目指す。これが，宿題くん等の**「背景知」**です。

授業・知的学級掲示に活きる「作成型宿題」で漢字指導

 子供たちが作成！ 変身ミスバチ漢字

２章で紹介した「ミスバチ漢字」。

右のような**「白紙版ミスバチ」**を子供たちに配ります。

１回目は漢字を指定します。例えば「器」です。子供たちが，どんなミスを作ってくるかを見ます。

- 「器」という漢字を，「大の部分を土」にしたもの
- 「器」の画数を「15画ではなく14画」にしたもの
- 「器」の音読みを「うつわ」，訓読みを「キ」と逆にしたもの
- 「器」の間違った書き順を書いたもの

等，いろいろ出てきます。2回・3回と経験を積むと，下のような**「変身ミスバチ漢字」**が出てきます。

ミスバチに「花」を付けて，その中に「熟語」を書く。なんと，その熟語の中に「層のミス」が3つ。

なかなか面白いところに「ミス」を隠してきます。簡単には気がつかないところです。

こういうものが出てくると，あっという間に**「学びの波」**が起きます。

「こんな書き方をしてもいいんだ」という**「学びの視野」**が広がるのです。

すぐに，下のような**「熟語型ミスバチ」**が出てきました（子供が作ったものを再現しています）。

一度に「2匹のミスバチ」。

2つ合わせて「5ヶ所」のミスがあると書いています。

低学年になると，下の「ミスバチ」のようなものが出てきます。

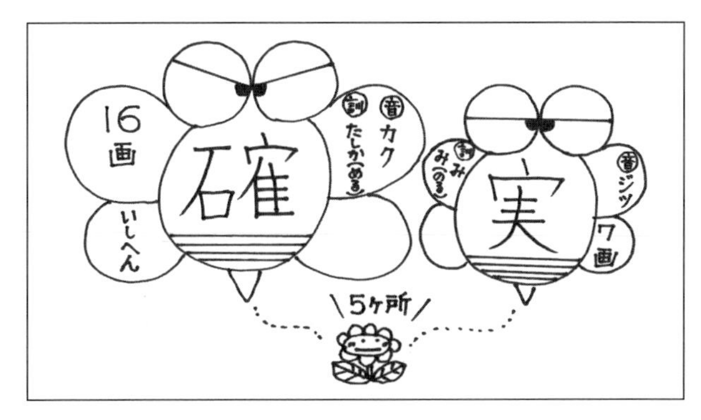

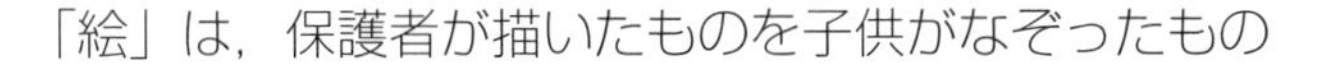
「絵」は，保護者が描いたものを子供がなぞったもの

です。保護者が一緒になって，ミスバチ漢字を考えてくれるのです。まさに**「共育・協育」**です。もちろん，プリントを子供たちに渡す時に「家族に手伝ってもらっていいよ」と言っています。

一緒に考える。いろんなアイデアをもらう。こういう瞬間に，たくさんの学びが生まれると思っています。

ちなみに，このミスバチ漢字を，保護者会の時に保護者の皆さんにも解いてもらっています。**子供目線**を体感してもらっています。

それが，一緒宿題につながっているのです。

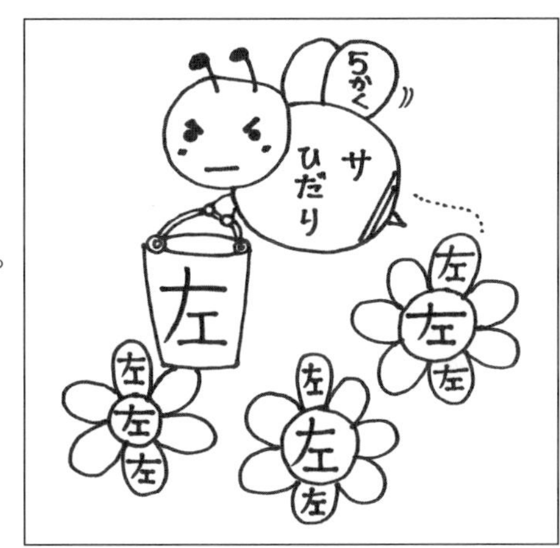

2 子供たちが作成！ 変身ばらばら漢字

２章で紹介した「ばらばら漢字」。これも，子供たちがすぐに作ってみたいと言うので，宿題に出すことがあります。

もちろん，一度**「全員経験の場」**を設けています。作り方は，低学年の子でもすぐに覚えてしまいます。正方形の紙を，下のようにして折るだけです。そこに，漢字を書きます。

- はじめは，鉛筆で書く。
- 折っていたところを広げて，鉛筆部分をマジックでなぞる。

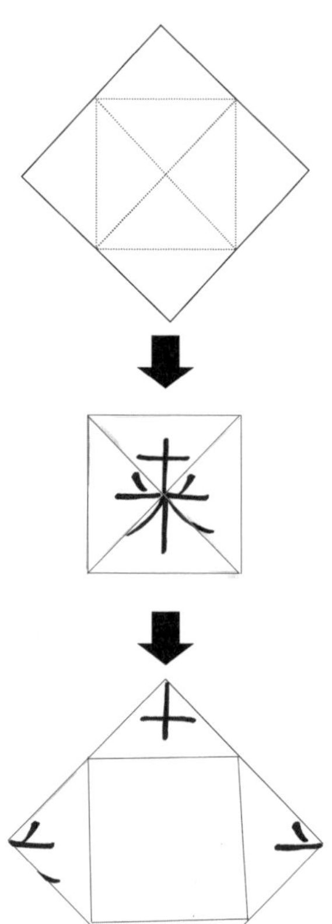

例えば，右は「来」という漢字です。

まずは，正方形の紙を点線部分で折ります。

折ったら，右のように「来」という漢字を，鉛筆で書きます。

書いたら，折った部分を広げます。

鉛筆で書いた部分を探して，その部分をマジックでなぞります。

もう一度折ってみて，きちんと「来」という漢字ができているか，確かめます。

一つ一つ，この作業を一緒にするので，どの子も確実にできます。

当然，理解の「差」はありますが，子供同士で助け合い教え合うので，すぐにやり方が浸透します。ここでも，その姿を褒めることができます。

中・高学年になると，この**「変身ばらばら漢字」**でも，次のような**「ひと工夫」**をしてきます。

右のように，2つのばらばら漢字を作ってきます。

まずは，一つずつ問題として提示します。

すると「差」と「指」という漢字になります。ここから，更に問題です。

2つの漢字は，同訓異義語だというのです。

どう読むか，どんな時に使うかを問題として自主学習ノートに書いてきたのです。

まさに**「一石二鳥学び」**です。

ばらばらになった漢字を，ただ組み直すとどんな漢字になるかを問うだけではないのです。

同訓異義語「さす」を結びつけています。どんな文章の時に使うかも，しっかりと書いています。

このような「ひと工夫」が，子供たちの「ひと手間・工夫の導火線」に火をつける。

今度はすぐに，同音異義語の漢字。3つの漢字。同じ部首の漢字。同じ画数の漢字。同じ部分がある漢字と，いろんな一石二鳥の問題を考えてきます。

こういう「場」が，漢字の友達度を上げていくことになります。

ところで，教室には「正方形の折り紙」を置いています。これを使って，ばらばら漢字を作る子が多いです。面白いのは，小さな折り紙で**「ミニミニばらばら漢字」**を作る子がいることです。掲示するだけで，笑えます。

③ 子供たちが作成！ 漢字くん紹介プリント

２章で紹介した「漢字くん紹介」。これも回数を積むことで，次のように進化します。

- まず，絵が変わる。
- 漢字練習場で，漢字を練習する量が増える。
- 漢字の共通部分をもつ仲間を集める。

　例えば，「巾」という共通部分をもつ漢字を調べる。「雪」は「ヨ」という共通部分をもった漢字です。

こういう宿題は，子供たちの**「工夫力」**をアップさせるために仕掛けています。

もちろん，教師が作ったものをマネッコしてもよいです。マネッコできる力も，大切な「工夫力」です。そう子供たちに話しています。

ただ，学びのキーワードに**「オンリーワン」**があります。**「ベストワン」**も素晴らしいですが，自分オリジナルを考え出す。これは，簡単なことではないと，いろんな教科の時間に話をしています。

そこには，こんなのどうかなぁ，という**「試す心」**があると言っています。

何事も，やってみなくては分からない。試行錯誤することが大切です。そのために，思考する。それを繰り返す。そんな「志向」がある人は，すごいと思います。

こんな話を，歴史上の偉人を取り上げて話すことが多いです。

こういう心が子供たちの中に浸透すると，**「まずはやってみよう」**というアクティブラーナーの子供たちになります。これが，自主学習にもつながっていきます。

下の漢字くん紹介プリントも，子供が作成したものを再現してみました。

- 絵を変えてみた
- 同じ部首の漢字を集めてみた
- 音読み・訓読みの熟語を探してみた

作成した子供が，提出の時に作成ポイントを教えてくれました。もちろん，うんと認めて，褒めます。ただただ素晴らしいと。100点花丸モグラ・フォーク付きを描いてあげます。掲示もします。学級通信で紹介もします。

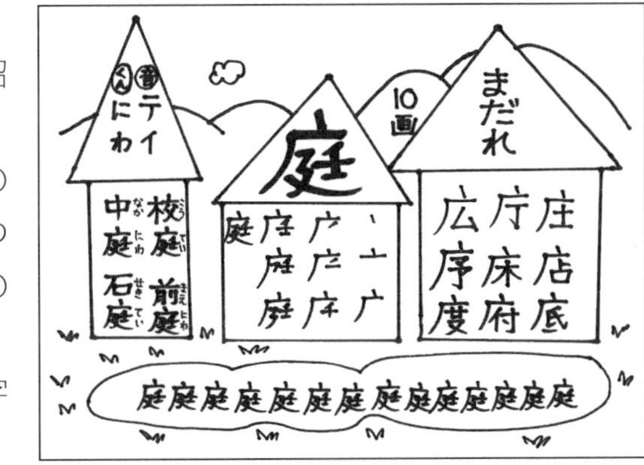

作成型宿題は，子供たちの**「創意工夫力」**の扉を，一つまた一つと，開いていくものです。

作成するのが楽しい。漢字を調べるのも楽しい。

その過程で，漢字を自然に覚え，漢字がどんどん身近なものになっていきます。だから，漢字の学びが待ち遠しくなるのだと思います。

4 子供たちが作成！ 点つなぎ・線つなぎ問題

ミスバチ漢字・ばらばら漢字・漢字くん紹介にしても，問題を解くだけでなく問題を作る側になります。

「立場が変わる」と，見える世界が変わってきます。たった一つのミスバチ漢字でも，**見えない苦労・工夫・時間**があることに気がつきます。

これは**「花心・根心・草心・素心」**の「根心」に通じるものです。

見えないところで頑張っている。それに応えないといけないと，子供たちなりに感じるようなのです。

例えば，点つなぎ型漢字プリントを作成する宿題を出します。もちろん，いつものように「全員経験の場」を用意しています。

まず，右のような絵を「鉛筆」で書かせます（教師の真似をさせることが多いです）。

問題の数だけ「●」を順に打っていきます。

答えの漢字を書いたら，ごまかしの漢字を入れるための「●」を打ちます。

その「●」に，答えでない漢字を書いて，鉛筆の跡を消したら，出来上がりです。

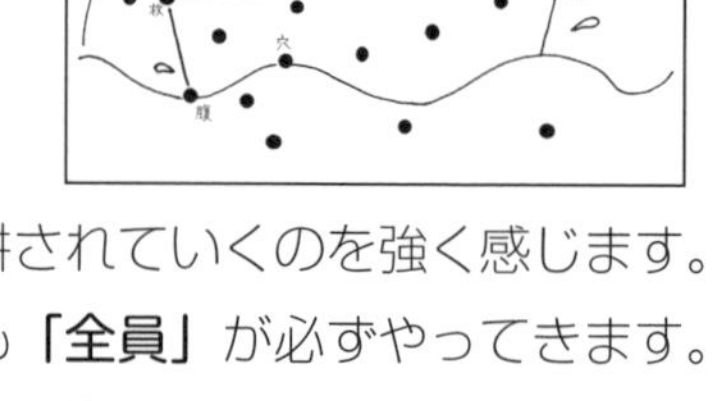

全て，一緒に行います。

作業のスピードに「差」が出ますが，こういう時が，**「請う動」**のチャンスです。

友達に教えてもらう。感謝を示す。

このような「場」があると，**学びの心田**が耕されていくのを強く感じます。

一度「点つなぎ」をやると，宿題に出しても**「全員」**が必ずやってきます。

絵の上手下手関係なく，全員がやってくるということが，この宿題の大きなポイントです。

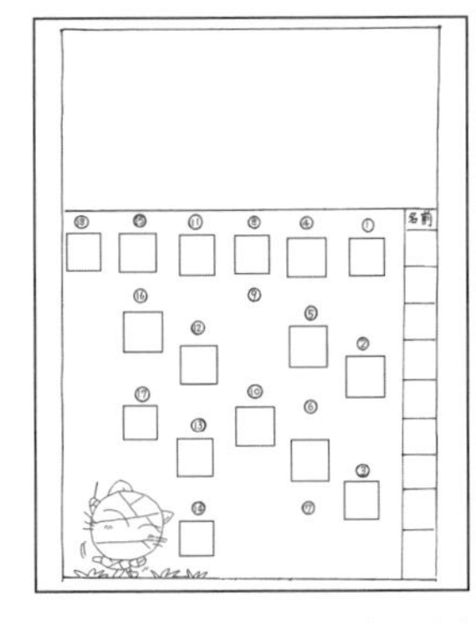

ちなみに，問題は右のような□の入ったプリントを配っています。上の「空白」に先のような「点つなぎの絵」を描くのです。

子供たちには，「点つなぎ型」だけでなく「線つなぎ型」問題作成にも挑戦させます。

これは，右下のように「枠の中に漢字問題を作る」というものです。

はじめは**「全員経験の場」**で，漢字ドリル・スキルの文や教科書文をそのまま写させます。1枚完成させるとしたら，時間がかかってしまいます。全員経験の場は「5分」にしています。

5分で書けたところまでで，止めます。その続きを「宿題」にしているのです。

1回目は，右のように「22問型・30問型」ではないです。これは，子供たちが作成に慣れた頃のものです。

1回目は**「10問型」**にしています。これなら，全員が確実に取り組めます。

問題を作ったら，枠の周りに「挿し絵」を描きます。絵があることで，楽しい雰囲気のプリントに変わっていくからです。

もちろん，

全員のプリント掲示

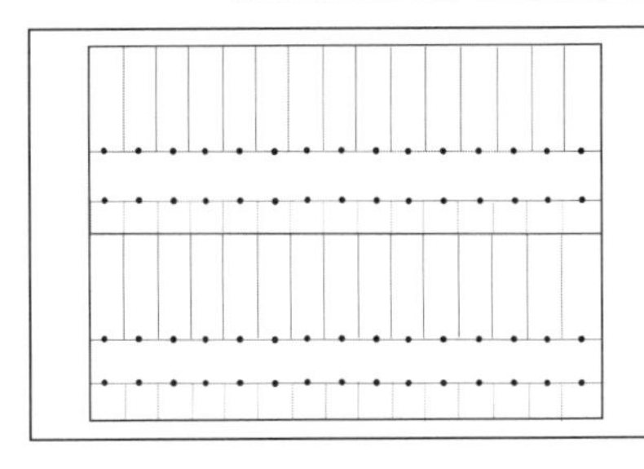

をします。問題・絵などの「差」はあるけれど，**「全員の頑張りが素晴らしい」**という事実を伝える大切な場です。

5 子供たちが作成！ フラッシュカード用問題

１章で紹介した「フラッシュカード型指導」。このフラッシュカード作成も，宿題として出しています。いつものように，帰り５分に「全員経験の場」を設定しています。

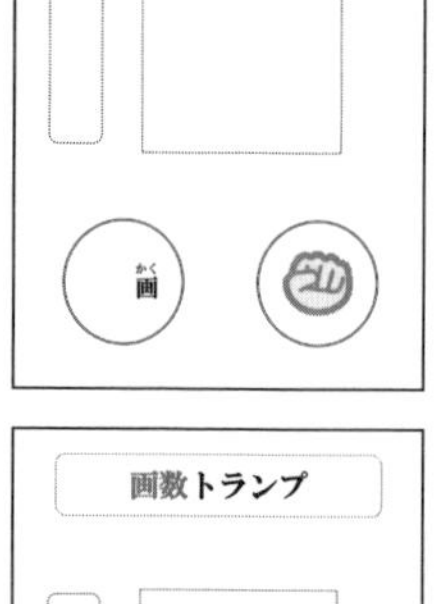

まずは，簡単に作ることができる「画数トランプ」からです。□の中に「漢字」を書きます。

その左に「読み仮名」を書きます。

その際，教科書・ドリルなどをしっかり確かめます。これが，大切な「漢字との再会」の場です。

続いて「画数」を書きます。それで出来上がりです。わずか5分で完成します。

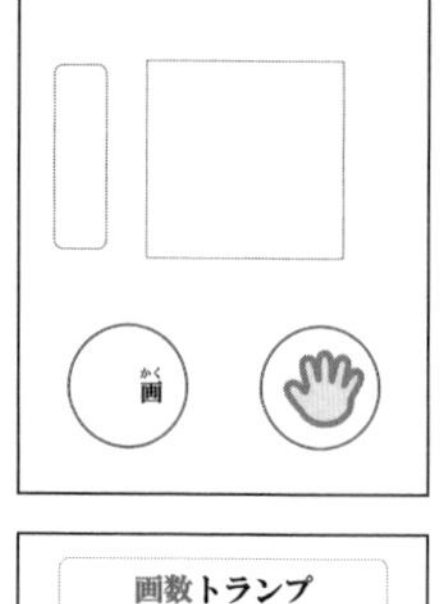

画用紙に印刷したものなので，実際に「画数トランプ」として使えます。友達とじゃんけん勝負・画数勝負をして遊ぶことができます。

家に持って帰らせて「宿題バージョン」は，

- じゃんけんの部分を空白にする。全て「パー」にしても OK。
- 画用紙に印刷なので，裏に好きな絵を描かせる。素敵なトランプに仕上げさせる。

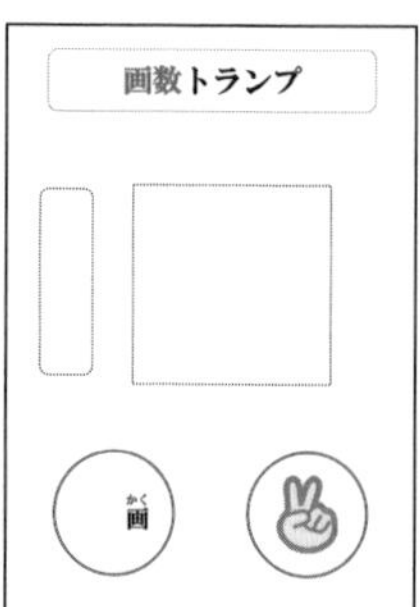

自分で**「学びの遊びもの」**を作成する。枚数が集まると，自作のトランプを使って「画数勝負」をとことん楽しむことができるようになります。

中には，100円ショップの画用紙を買ってきて，家族みんなで自作する子もいます。りっぱな自主学習の一つになります。

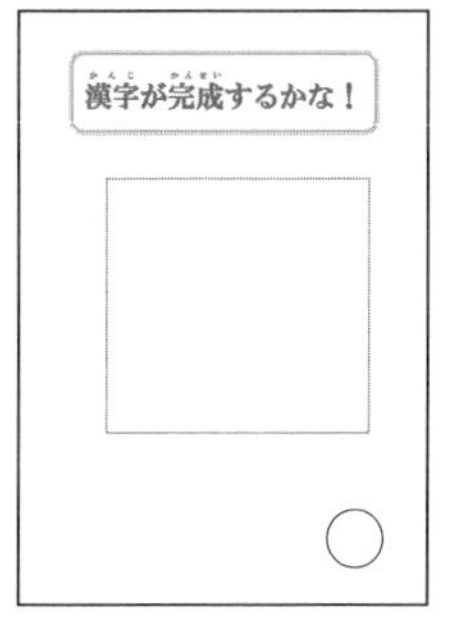

右のような「フラッシュカード」も宿題として出します。「くさかんむり」という部首カードと「くさかんむりが付くと，漢字が完成する」カードです。

「化」に「くさかんむり」が付くと，「花」になります。

カードを全部裏返して，神経衰弱をします。部首カードとセットになる漢字カードをめくれば，カードを手に入れることができます。

全員経験の場では，部首を全員揃えます。

例えば，「にんべん」にします。このカードを全員で作ります。本当は「好きな絵」を描くのですが，これは宿題で取り組ませます。

続いて「漢字カード」です。辞典などを調べさせます。

ム→仏，二→仁，士→仕，山→仙，寸→付，也→他
反→仮，木→休，牛→件，壬→任，中→仲，立→位
左→佐，主→住，申→伸，本→体，以→似，共→供
寺→侍，言→信，谷→俗，更→便，昔→借，直→値

まだまだ，たくさんあります。これを「一覧」にしたものを黒板に貼ります。

こうやって調べる「場」があることで，漢字との再会を楽しむことができます。同時に，自主学習のネタにもなります。

宿題の場合は，部首を自分で選ばせ，白紙版漢字カードに書かせます。たくさんのカードが集まるので，掲示すると圧巻です。

全員が喜んで書く「作文宿題」の場で漢字指導

1 学校の行き帰り発見作文で漢字指導

漢字を活用する場，作文。

作文宿題を通して子供たちは，出会ってきた漢字を上手く使うことができているか，振り返っています。

拙著『全員が喜んで書く！作文指導のネタ事典』（明治図書）は，そんな活用の場を紹介しています。

子供たちが大好きなのが**「学校の行き帰り発見作文」**です。学校の行き帰りに，学ぶものがたくさんある。それを作文にする。その中に，たくさんの漢字を使います。

この本をもとに，いくつか実例を紹介したいと思います。

下の作文は，**「赤色のものを見つけよう作文」**宿題です。「赤」と限定することで，何気なく見ていたものが，くっきりと浮かび上がってきます。

これを**「カラーバス効果」**と言います。

作文を見てください。2年生の作文です。漢字が多く使われています。

「赤色・学校・家・十・見・思・花・道・二・三・目・人・四・五・車・女」と，次々と漢字で書いています。

作文の書き方もうんと褒めますが，漢字を上手く使って，分かりやすいことも認めて褒めます。作

> きょうは、赤色さがしをします。
>
> 学校から家にかえるまでに、赤色のものを十こいじょうは見つけたいと思いました。
>
> はじめに見つけたのが、ポストです。つぎに見つけたのが、赤い花です。道にさいていました。これで二こです。
>
> 三こ目は、赤いくつをはいた人です。これは、ともだちが見つけました。赤色のふくの人もいました。四こ目です。
>
> 五こ目は、赤い車です。女の人がうんてんしていました。
>
> 六こ目は、しんごうの赤色です。家にかえるまでに、二つしんごうがあります。
>
> （以下略）

文宿題を出すと，褒めることがたくさん出てきます。もちろん，全員の作文を知的掲示として貼り，全員の作文のよさを広げることを欠かしません。

更に，学校の行き帰りで見たものを作文宿題にすることもあります。下の作文例がその一つです。「大きな工事の車」を見た１年生の作文です。

きっちり「先生・大・車・見・色・赤・字・何・書・土・地・音・母」等の漢字が使ってあります。

１年生でありがたいのは，保護者が確認してくださることです。

日頃から**「共育・協育」**の話を，学級通信で語り続けると，親の**「根心」**を得ることができます。

> 先生、あのね。がっこうにいくとき、大きなこうじの車を見たよ。
> 　タイヤがとっても大きくて、ぼくのしんちょうよりもっと大きかったよ。色は、き色だったよ。でも、赤色の字で、何かことばが書いてあった。なんて書いてあったかわからなかったよ。先生、こんどおしえてください。こうじの車を見ていると、土をほったよ。かいじゅうみたいに、地めんをほっていたのにびっくり。大きな音もきこえたよ。こわかったあ。
> 　かえって、お母さんにはなすと、シャベルカーという車だとおしえてくれたよ。かいじゅうカーとおもったのにちがったよ。（以下略）

これもまた，５システム指導法には欠かせない土壌です。

下の作文宿題は，日頃当たり前のように見ている「空」からの発見です。

これは**「よく見る→見続ける」**の心を耕す布石と言ってもよいです。「空を見ました。」と，８回作文に書いていました。まさに「見続ける」です。

漢字もしっかり使っています。

「空・見・色・白・小・大・山・青・海・月・鳥・三」等です。

この子は，お母さんに「漢字が当たっているか，他に漢字にできないか」を確認したというのです。お母さんが**「共育カード」**で教えてくれました。

この事実は全体に話さず，そっと，この作文を書いた子に声をかけました。

「声かけは肥えかけ」のきっかけを，保護者がくれます。作文宿題は，親の心も教師の心を**変心**させるきっかけになります。

> 空を見ました。
> たくさんのくもがありました。色は白くて、小さいくもや大きいくもがありました。わたがしやぞうさんやひつじさんのように見えました。大きな山のようなくももありました。
> 　空を見ました。
> 　色は青かったです。海のようです。じっと見ていると、すいこまれそうになりました。
> 　空を見ました。
> 　うすい白色のお月さまも見えました。お月さまを見ていると、鳥がとんでいました。三わとんでいました。
> 　空を見ました。（以下略）

2 じっくり観察作文で漢字指導

学校の行き帰り発見につながる「じっくり観察作文」。身の回りには，じっくり観察すると面白いものがたくさんあります。

例えば，右の作文のような「お菓子の袋」です。お菓子の袋は，身の回りにたくさんあります。それを「よく見る・見続ける」ことで，面白い発見が生まれます。

もちろん，漢字もしっかりと使います。2年生の作文ですが，きっちりと漢字を活かしています。

> ぼくの大すきな「かっぱえびせん」のふくろをさぐります。
> 一ばんはじめに目が行ったのは、えびです。大きなえびがはねているようで、とってもおいしそうです。色もまっ赤で、ぼくの大すきなえびの色です。
> そのえびの後ろに、白い川のようなもようが見えます。海のなみのようにも見えます。
> えびが、その中からとび出して来たようなかんじがします。お母さんは、このもようを見て、
> 「しんせんなかんじがするね。」
> といっていました。
> こんどは、字を見てみました。（以下略）

先にも書いたように，身の回りには，いろいろな袋があります。作文ネタに困りません。

宿題に出さなくても，自主学習ネタとしてどんどん書いてきます。これが，**「続き学び・つながり学び」**です。

一つのことを続けて調べる。一つのことにつなげて，視点を変えて学び続ける。それが，子供たちの中に浸透します。5システム指導法からの波及です。

つながり学びとして，右のように「家の周りにあるポスト」から発見したことを作文自学にしています。

ここでも，たくさんの漢字が登場します。

「書いている内容」「使っている漢字」「ネタの選び方」「丁寧な書き方」など，褒めることだらけです。うんと，認めます。

> 今日は「ポスト」で発見。
> いつも気になっていたゆうびんのマーク〒。ずっと正面だけにあるかと思っていました。よく見ると、右にも左にも一つずつついていました。全部で三つです。
> ついでに見つけたのが、かぎ穴。かぎ穴は一つでした。こんな穴でした。
> かぎ穴の下には、次の収集は2ごう便と書いてありました。これはどういう意味かわかりません。先生、教えてください。
> ところで、どうしてポストの色は赤色なんだろう。
> 外国には、赤色じゃないポストがあると聞きました。
> （以下略）

この「じっくり観察作文」のよさは，後に紹介する**「親子自学」**につながります。子供たちだけが，学ぶのではないです。

下の作文は，お父さんとの買い物で発見したことを書いています。省略していますが，その部分には**「親子の会話」**の様子も書かれています。

当然，この作文を書いた後，お父さんに読んでもらっています。その時，「これ，漢字にするといいよ。」「ここ，もう少し詳しくできるね。」などの声をかけてもらったと言います。

親からの声かけは，教師以上の**「肥えかけ力」**があります。子供たちは，幸せ気分いっぱいになると言っています。

身の回りの科学発見シリーズです。お父さんと買い物に行った時、一緒になって探しました。
まずは、信号機です。最近の信号機にはLEDを使っているそうです。発光ダイオードというものです。ぼくは科学工作クラブなので、発光ダイオードに興味があります。今度買ってもらえることになりました。
次に発見したのが、トイレットペーパーです。スーパーで買う時に、トイレットペーパーがなぜ水に溶けるかの説明がありました。トイレットペーパーが、短いせんいで出来ているなんて知りませんでした。水の中でぐるぐる回る時に、せんいがほどけるそうです。（以下略）

右の作文は，３年生のものですが，３年生で習う以上の漢字を使っています。

これは，中学年・高学年では，**「先取り漢字」**の場を設けているからです。

今だけの漢字ではなく，先に習う漢字にも出会い，日頃からどんどん使えるものは使おうと話しているのです。それが，ここまでに紹介した５システム指導法なのです。

子供たちは，こんな風に言います。

先生，また頭の年輪が１つできました。

頭の学びが成長することを「年輪」にたとえて，**「年輪図」**というのを紹介しているのです。どんどん，木のように幹が太くなる→頭の学びが大きくなる。子供たちは，先の言葉のように実感するのです。

3 分析を楽しむ作文で漢字指導

発見・観察の発展型が「分析を楽しむ作文」です。

例えば，下の作文は「虹」という漢字が気になり，辞典を調べたり家族と話したりして書き上げたものです。

発見・観察作文は，見つけたものの様子を詳しく書く。

分析作文は，気になったことに対して「自分の思いや考え」を書きます。

子供たちは，学びのキーワード**「知恵の雑巾をしぼる」**という言葉を使います。

> 「虹」という漢字が気になります。虹なのに、どうして虫へんなのか不思議です。
>
> 先生から以前、蛇という漢字の意味を聞いた時のことを思い出します。昔は、鳥や魚でない小さな生き物を虫に分類していたそうです。
>
> これから考えると、虹が虫に見えたということになります。
>
> それで考えたのがこんな図です。
>
> 「工」の部分が、蛇のように見えたのではないかと考えました。だから、虫へんにしたのだと推理しました。自分の考えが当たっているか、辞典を調べました。（以下略）
>
> 子供が描いた図（省略）

この「虹」の作文では，教師の言葉を想起しています。更に，図を描いて思考しています。その上で，辞典調べに挑んで作文にまとめているのです。

「思考の足跡」を作文にするので，平仮名が多いと意味が伝わりにくいです。この時活きるのが，3章で紹介した**「究極の漢字」**です。

> **自分が言いたいことは，漢字を使うことで「読み手に意味が伝わりやすく」なる。平仮名が多いと読みにくい上に，意味が分かりにくい。**

「究極の漢字」とリンクしているので，しっかりと「分析作文」で漢字を多用するようになります。

この分析作文は，中学年以上が好みます。日頃から，辞典学習も積み上げているので，とことん調べて書きます。

この「分析作文」もまた，全員必ず知的掲示します。

質的・量的に「差」があるのは当たり前です。でも全体の場では，全員の作文全てを**「思考する視点」**が面白いと認めます。褒めます。

そうすることで，全員の作文に目を向けるようになり**「いいモノマネ」**をする子が増えます。その上で，

個別に「声かけ」をする

ようにしています。全体と個別の声かけ。2つの場の声かけで，子供たちの「成長」のための土壌を耕しています。

いいモノマネが浸透すると，下のように「漢字」を上手く使用した「分析作文」を自主学習でも取り組んできます。

右の作文は「標語分析」。標語は街中にたくさんあるので，いくらでも分析作文シリーズになります。

街中で、こんな標語を見つけました。「まず消そう　火への鈍感無関心」です。火災予防の標語です。これを分析してみます。
まず気がつくのが、五七調になっていることです。リズムが出てきます。リズムがあると覚えやすいです。覚えやすいということは「注意しやすい・気をつける」ということにつながります。
次に目が行ったのが「消そう」という言葉です。この言葉に、二つの意味を感じます。一つは「火を消そう」、もう一つは「鈍感・無関心になっている心を消そう」です。それに、初めに消そうと言っているので、訴え心が強くなります。（以下略）

分析作文は，

シリーズを生み出す

力があります。「漢字分析ノート」「標語分析ノート」など，テーマ別のノートが次々と生まれ，ノート１冊を１つのテーマで**「続き学び」**する子が出てきます。

分析ノートが１冊完成すれば，学級文庫に「参考・自主学習ノート」として１週間程度置いています。こうやって学びの波及が起き，子供たちの**「学びの年輪」**が一つずつ増えていきます。

全員が喜んで書く「作文宿題」は，**「書きたいこと」**がたくさん生まれて，たくさん書くので「漢字を書く機会」が自然と増えています。

4 上手い説明作文で漢字指導

今から，ある絵を描くことができるか，試させてください。先生が絵の描き方を言葉で説明します。

そう言って，次のような説明をします。

「三角を書いてください。」

子供たちは，すぐに聞いてきます。「どれくらいの大きさですか。どんな形の三角形ですか。」

「質問は，なしです。でも，みんなが言うように三角形の大きさや形が分からないですね。絵を見せると簡単ですが，言葉で伝えるって難しいのが，よく分かりました。ありがとう。こういう時は，前もって書いた説明を見ながら伝えると，ここはしっかりと説明しておかないといけないというところが，分かりますね。」

そう言って，右の絵を見せ，説明する作文を宿題にします。

その中で書いたのが，下の作文です。**手順**を細かく説明しています。ただ，日頃の学びが活きて「一文を短く」しています。

更に，「……のように」などの比喩を使い，頭にイメージ化しやすいように言葉を選んでいます。

この説明作文は，友達に見せるものではないですが，自分が読みやすいように，漢字を上手く使っています。

まず、山のような三角を書いてください。その三角の下に、長四角をくっつけてください。おでんのようになりましたか。
今度は、長四角の中に二つの目を書きます。目を書く場所は、半分より上です。目の大きさは、長四角の半分くらいです。くりくりした目になりましたか。目の中に黒目を書いてください。右上の方を見ているように、黒目を書いてください。
最後に、口を書きます。口の形は長四角です。横に長い長四角です。大きさは、目より小さいです。口を書く場所は、目と目の間です。三角のぼうしをかぶった、ロボットのような絵ができ上がりましたか。

中には，漢字に読み仮名を書いている子もいました。それもまた，**「ちょっとしたひと手間・工夫」**です。もちろん，うんと認めて褒めます。

・同じ絵にしているので，友達の説明の仕方・書きぶりが参考になる。
・全員の説明作文が掲示されるので，マネしたいところを探させる。

こういう「場」を積み重ねると，作文も上手くなり漢字を使う頻度も上がります。

下の説明作文は，１年生に「草鞋」の説明をする時に書いた作文です。先の「絵」を伝える経験をしていると，草鞋を説明するのに，

- 分かりやすい言葉
- 一文を短く
- 問いかけるような言葉にする

ことを意識して，作文をまとめます。

ちょっと変わった草のくつがあります。触ってみましょう。少しざらざらしています。変わったくつですね。実はこれ，わらじというくつです。このわらじは，昔の人がはいていたくつです。
　このわらじは，何から作ったと思いますか。ヒントを言いますね。「食べ物」「田んぼ」です。分かりましたか？　答えは「稲の葉」です。稲はお米です。お米を取った後に残った葉っぱで，わらじを作ったんですよ。昔の人はすごいでしょう。
　ちょっと，はいてみますか。はいた感じはどうですか。
　くっと違って，足の指がいたくないですか。（以下略）

もちろん，漢字を上手く使っています。「さわって→触って」「いねのは→稲の葉」の方が，読む時に分かりやすいです。

ちなみに，この作文を「究極の漢字」問題にすると，

くつ→靴　わらじ→草鞋　田んぼ→田圃　はく→履く　いたく→痛く

と，辞典を調べて「漢字変換」します。全員で辞典探りをして，漢字との出会いを楽しめるように仕組んでいます。

5 メディア活用作文で漢字指導

子供たちは，ゲームをするのが大好きです。テレビもよく観ます。こういう「場」を活用して，作文を書かせる宿題も出しています。

下の作文は，３年生が書いたものです。テレビ番組を観て，番組の名前に目をつけたのです。

テレビ番組のユニークだなあと思う名前を分析します。まずは「ニュースの森」です。
ニュースはふつうです。「森」がくっついているのがユニークです。森と聞くと，木がいっぱいあるのがうかびます。
ニュースの森というのは，ニュースが木のようにいっぱいありますよというのを言いたいのかなと考えました。
次に見つけたのが「やる気満々」という名前です。名前を聞くだけで，この番組に力があふれているイメージがしました。
「やる気いっぱい」よりも「満々」の方がはく力もあります。（以下略）

- 学校の行き帰り発見
- じっくり観察
- 分析作文

等で学んだことがつながっているのが分かります。

テレビ番組の名前をじっくり見る。名前の面白さを分析する。漢字で分かりやすく書く。全てリンクしています。

自分の考えや思いを，端的に述べている。漢字もきっちり書いていて，読みやすい。

ちなみに，こういうメディア活用作文は，帰り５分ミニ作文を書かせることがあります。

「教室に掲示されていて，面白いと思ったものを紹介するミニ作文を書いてください。もちろん，友達と考えて OK です。」

１回目は，５分で数行しか書けません。でも，全員経験の場が大切です。そこで，教師が書いたものを読みます。

そうすることで，**「書き方の見える化」**になります。書くコツが見えれば，すらすら書ける子が多くなります。そうなると，宿題に出しても「全員」が内容の濃いものを書いてくるようになります。

下の作文は，2年生が書いたものです。天気予報を見て，習った漢字を思い出したというのです。

> テレビで天気よほうを見ていると、二年生で習ったかん字が出てきました。お母さんといっしょにメモをしました。
> 「明日の午後の天気は晴れ」
> 「朝と夜はさむくなる」
> 「風がときおり強くなる」
> 明日、午後、天気、晴れ、朝、夜、風、強くというかん字です。
> 二年生でならったので、すぐに読めました。お母さんから、
> 「よく読めたね、えらいね。」
> とほめられました。
> メモをするのはたいへんでした。でも、テレビを見ながらお母さんとかん字のべんきょうができたので、とてもうれしかったです。

ここに書かれているように，2年生で習った漢字をお母さんと一緒にメモをして学んでいます。

「親子自学」につながる**「親子学び」**です。

作文を書きながら，漢字を振り返る。**一石二鳥学び**の作文です。更に，お母さんに褒められたと書いています。

こういう「場」を通して，**学びが深化**すると思っています。

子供たちの心を「変心」させるのは，教師一人ではできません。「共育・協育・驚育そして響育」があってこそ，大きく子供たちを「変心」させることができると思っています。

> **全員が喜んで書く「作文宿題」の背景知は，見えるものがたくさん増える。**
> **保護者と一緒になって考える。そして，保護者から褒められる。**
> **学校に来たら，先生に褒められ，友達からも認められる。**

こういう「場」をつくってこその「5システム指導法」です。5システムの場は「授業・教室環境・テスト・宿題・自主学習」の5つですが，実は**「6つ目の場＝家」**を隠しています。家で子供たちが活き活きとなる。そうなるように仕掛ける一つが，作文なのです。

4章

学びのキーワード

- □ ２度確認
- □ 学び田の肥やし
- □ 全員経験の場
- □ ２度活用
- □ １日休めば３日戻る
- □ 背景知
- □ 変身ミスバチ漢字
- □ 学びの波
- □ 学びの視野
- □ 子供目線
- □ ひと手間・工夫の導火線
- □ 工夫力
- □ オンリーワン・ベストワン
- □ 試す心
- □ 創意工夫力
- □ 見えない苦労・工夫・時間
- □ 学びの遊びもの
- □ カラーバス効果
- □ 親子自学
- □ 肥えかけ力
- □ 先取り漢字
- □ 頭の年輪・学びの年輪
- □ 年輪図
- □ 知恵の雑巾をしぼる
- □ 思考する視点
- □ シリーズを生み出す
- □ 手順
- □ 書き方の見える化
- □ 親子学び
- □ 学びが深化
- □ ６つ目の場＝家

5章

どの子も漢字の時間が待ち遠しくなる！「自学」で漢字指導

5 自学

工夫した練習の連続！「ドリル型」漢字自学

1 びっしり練習「ドリル型」漢字自学

授業・教室環境・テスト・宿題という４つの場で，漢字との再会や出会いが楽しいものになると，子供たちの自主学習（自学）が変わります。

自学力を１年間かけて培っていく様子は，右の拙著『自主学習システム＆ノート作成法』（明治図書）に詳しく紹介しています。この本の中にも少し紹介しているのですが，漢字をびっしり練習するドリル型漢字自学があります。

「量」をこなす。書いて書いて書きまくる。

これは，子供たちに浸透している学びのキーワード**「３つのかく→汗かけ・恥かけ・頭かけ」**が形として表れたものです。

汗をかく＝時間をかける。恥をかく＝少しくらい下手な字でも，書きまくる。頭をかく＝練習に頭を使うのです。

右の自学コピーは，その一つです。

びっしりと漢字を練習しているのですが，ちょっとしたひと工夫もしています。

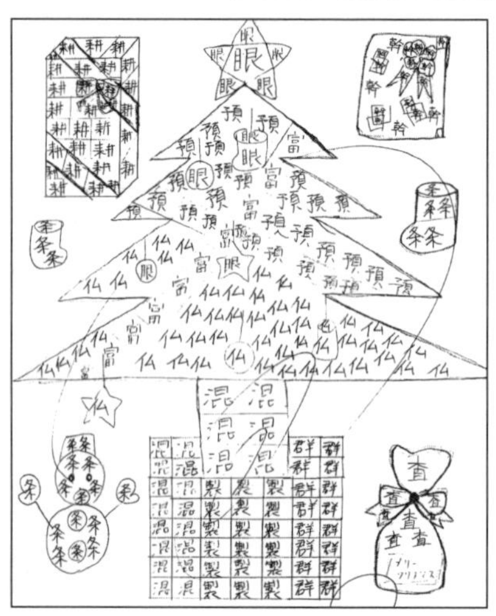

絵を描いて，その中に漢字を書く。

こうすると，ただ１ページをびっしり埋めるより，見て楽しめます。**「いい汗をかく」**ことになります。

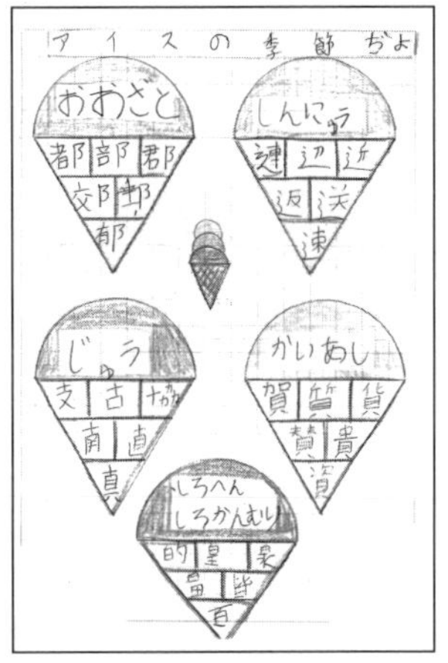

そうすると，すぐに**学びの波**が起きて，いろんな面白い絵とびっしり漢字が集まり始めます。

ここに活きているのが，「百聞は一見に如かず。百見は一考に如かず。百考は一行に如かず。」という故事成語です。**「一回やってみる」**，やってみることで，見えることがあると言っています。

５システム指導の背景には，こういう子供たちの意識が活きています。

下の自学コピーは「恥をかく」を活かしたものです。「ミス」したことをびっしり漢字に挑戦して活かす。修正する。これだけ，ミス漢字を振り返る。

素晴らしい事実です。

もちろん，ミスを活かそうという心を，とことん褒めます。「やってみたこと」の素晴らしさを声かけします。

それも適当にやっていない。

ここに，もう一つ**「七転び八起き心」**が発揮されています。

転んだら起き上がればいい。こうやって，漢字と再会をすることで，より漢字と友達になると語っています。

びっしり漢字→時間とともに質的変化

をします。どうすればミスをしなくなるか思考しながら，自学に取り組む子供たちです。

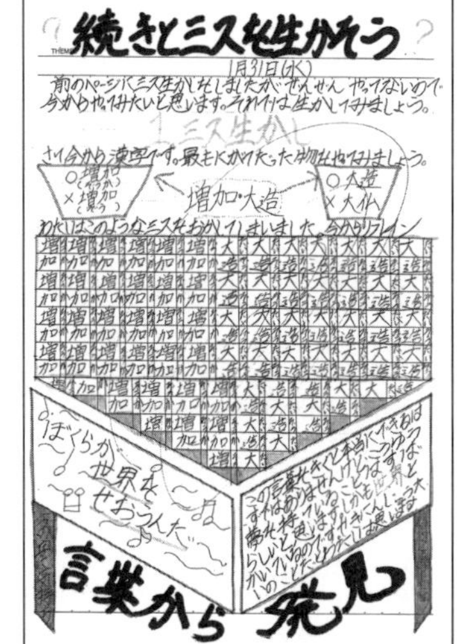

❷ 漢字ワークマネッコ「ドリル型」漢字自学

宿題・テスト等で紹介してきた漢字ワーク。子供たちに，全員経験の場を設けて作成する機会をつくってきました。

作成のコツが分かると，すぐに「マネッコ」する子が出てきます。

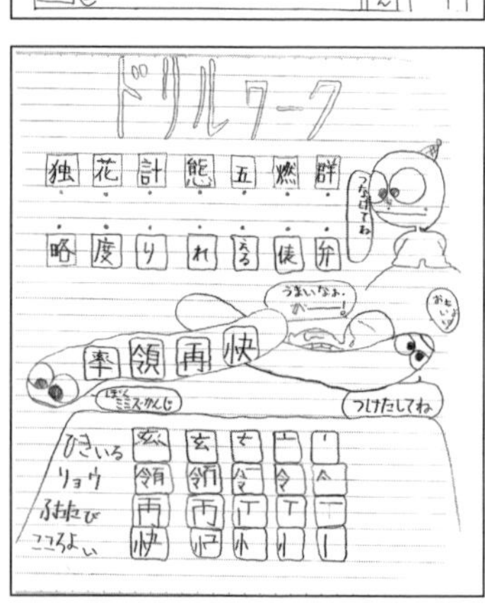

右の漢字ワークは，漢字の書き順を意識したものです。

作成する時に，何度もドリルで書き順を見ては，書いています。

教師が作成したもののマネッコですが，イラストは自分が考え描いたものです。

ドリル型というのは，一つの漢字をとことん練習する形になっています。

当然，ワーク化した漢字はしっかりと覚えています。

その下の漢字ワークは，線つなぎ型も入れています。線つなぎ型を入れることで，熟語の確認もしているのです。

ドリル型とは，今まで学習したことを復習する，漢字と何度も再会する「自学」。

❶は，たっぷり漢字練習をするドリル型でした。

❷は，ちょっぴりゲーム感覚で楽しみながら漢字ワーク作成。その過程で，自然と漢字練習をしています。

子供の中には，右のように「はかせつうしん」というシリーズノートを作る子も出てきます。

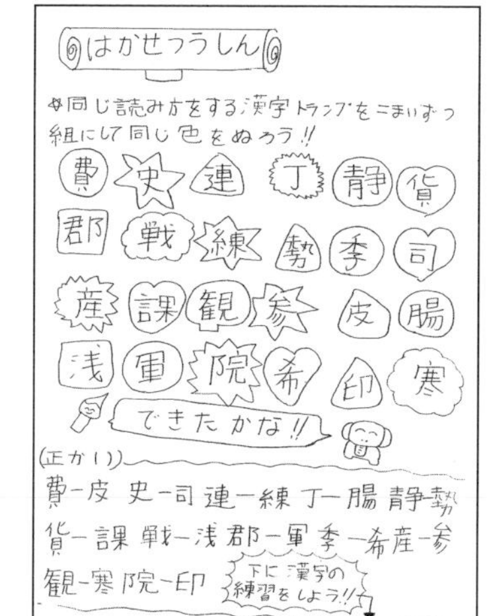

この子は，１冊の「漢字ワークノート」を完成させました。もちろん，その他の自学ノートも提出します。

はじめに紹介した拙著にも書いているのですが，１日に30冊の自学ノートを一人が持ってくるのです。30のテーマノートを作っています。

それが，**「１日自学ノートの山２m」**につながっているのです。

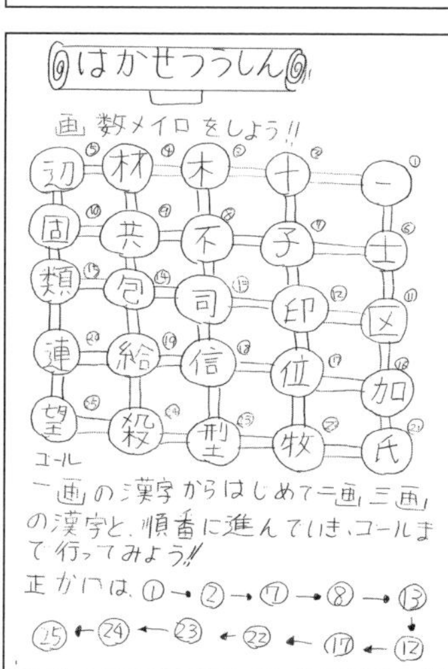

- アイデアを考えるために，学級文庫の漢字関係の本を読む。
- 友達の漢字ワーク作成の様子から学ぶ。
- 漢字ドリルを何度も見て，どんな問題を出そうかと常に考えている。

本から学ぶ。友達から学ぶ。ドリルを何度も見直し，みんながミスしやすいところを考える。

こういう「場」も「ドリル型」の漢字自学だと思っています。

ドリルとは，知識・技能を習得するための反復練習のこと。

漢字ワーク作成の裏には，この反復練習がたっぷりあるのです。

3 工夫漢字くん紹介「ドリル型」漢字自学

漢字くん紹介を自主学習で取り組む子は多いです。基本的に，下のような方法で取り組みます。

漢字くんを書いて，そこに「読み仮名・画数・部首・使い方・練習」などを付け加えます。

右の漢字くん紹介は，それプラス**「前もって漢字」**です。

まだ習っていない漢字です。

それを，事前学習しているのです。漢字の先取りです。これもまた，ちょっとした工夫自学です。

これが進化・深化すると「工夫漢字くん紹介」自学になります。

右の自学コピーのように

- １ページびっしり書く。
- 表を使い，分かりやすくまとめる。
- ローマ字もリンクする。

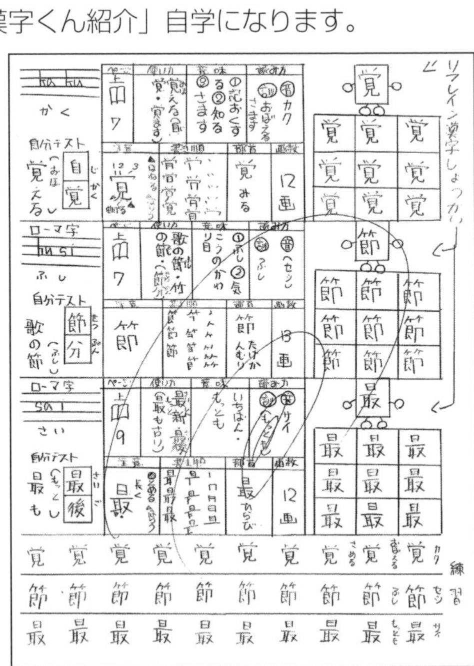

そして，何といってもすごいのが，ローマ字の下に

自分テスト

を作っていることです。自分で漢字を覚えたかを確認しているので

す。

実はこれ，朝学や帰り５分での学びが活きているのです。

今から５分で，自学ノートに「漢字の読み」を書いてください。読みの左側は，１行あけてください。

５分経ったらやめです。書いた読みの漢字を，家で自学として書いてくださいと言うだけです。ドリル型自学ネタを一つ増やしたのです。

この漢字を書くことを**「自分テスト」**と呼んでいました。先の子はすぐに，漢字くん紹介自学に活かしたのです。

毎回，下のようにびっしり書き続けました。この子は，数冊の「工夫漢字くん紹介」をやり遂げました。もちろん，その事実を知的掲示でも学級通信でも伝えています。そうすることで，周りの子が**「学びの刺激」**を受けるからです。

「そっくりマネッコ」をする子もいれば，**「少しアレンジマネッコ」**をする子もいます。

マネッコの事実も見逃さず，どんどん学びを波及させ，**学びの年輪**を増やしていきました。

これもまた，はじめに紹介した**「タイムリー効果」**だと思っています。

ちなみに，クラスには**「かくしタイム」**という学びのキーワードがあります。この自学から，多くの子が**「かくしタイム＝苦労＝根心」**を感じたと言うのです。学びの土壌が耕される瞬間です。

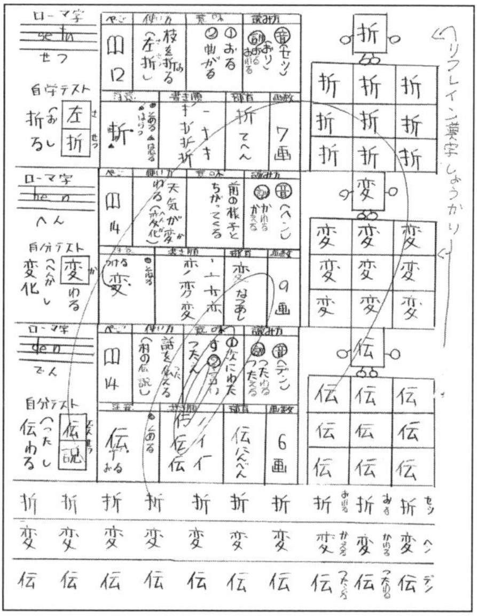

4 先取り・特訓「ドリル型」漢字自学

学級には**「知層・智層」**という学びの合言葉があります。復習することで知層がどんどん重なり，予習（先取り）することで智層が重なると言っています。

例えば，右下のようなドリル型自学があります。４月13日の自学です。新しい学年がスタートしてわずかですが，すでに「智層」づくりがスタートしているのです。

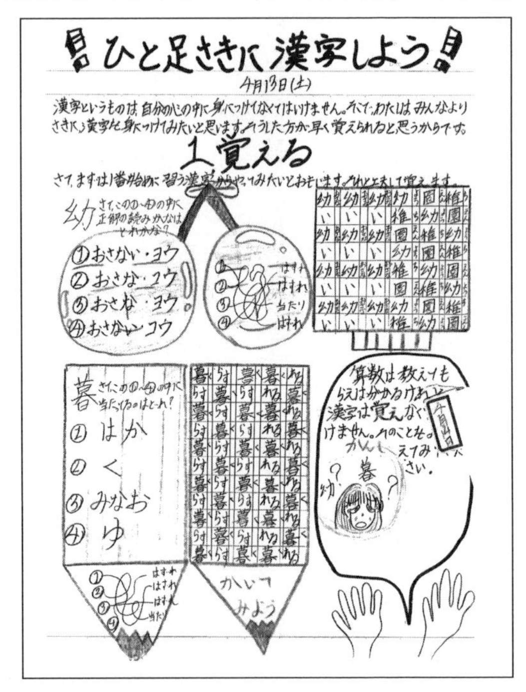

学校での**「全員経験の場」**を活かして，すぐに取り組んだものです。

書き方も工夫しています。イラストを入れて，見ても楽しめるドリル学びになっています。

前もって＝先取り漢字

をしたくなるように仕向けるので，中・高学年では授業のはじめに漢字指導をしないのです。

子供たちは，朝学・帰り学び・自学で「前もって＝先取り」漢字に進んで取り組んでいます。

漢字定着５システム指導法の土壌は，**「知層（復習）と智層（予習）のスパイラル」**があって，しっかりと耕されていきます。

学校でも家でも「漢字との再会・出会い」を楽しめるように，今まで紹介した**効果や学びのキーワード・仕掛け**などを使い続けてみてほしいのです。

右は**「知層」**のドリル型自学です。先取りではなく，特訓です。

自分でミスを活かし，

> **自分特訓**

をしているのです。この言葉も，子供たちの「学びの合言葉」になります。

「今日は，たっぷり自分特訓したから，どんな漢字が出ても自信がある！」

「自分特訓に，自分テストもしたよ。これでミスをしたら，まだまだ甘いことが分かる。」

特訓することを楽しんでいるのです。漢字練習をするのが，面白いと言うのです。

> **面白い，楽しい→自学ノートが工夫いっぱいになる。**

子供たちのノートを見ると，嫌々ながらやっていないのが伝わってきます。

だから，声かけすることが増えます。褒めるだけでなく，うんと成長の事実を伝えることができます。

漢字のと〃くんしてみよう

4月21日

きのう，漢字のテストがありました。それでわたしは10問中８問あたっていて２問ミスしてしまいました。ミスは生かせばいいので，今から生かしてみたいと思います。工夫して覚えましょう。

それではまずそのまちがえた漢字をかいてみたいとおもいます。それでは，やってみよう

①並ぶ　②空き地

①番はしょうがないけど②番は３年生ぐらいで習ったのだから覚えておかないといけないよ

それでは今からリフレインしてみたいとおもいます。

次はいよいよテストをしてみたいとおもいます。みんな，分かるかな？

①暮（く）れた夕月　②幼児（ようじ）が帰る　③優（やさ）しい

③済（す）ました顔　④並（なら）ぶ一年生　⑤死亡（しぼう）した人

さて，ぜんぶせいかいしましたか？それでは，ポイントはこちらです。

5ポイント－ミスを生かしたね。天才
4ポイント－おしい。次回もがんばって
3ポイント－うっかりやってミス。
2ポイント－ミスを大切に
1ポイント－がんばれ
0ポイント－生かしてないね。

漢字10問パン上するぞ！

新しい漢字の練習

音サツ	殺	訓ころす	10画	殺	殺	殺	殺	殺	殺	殺
音ゲイ	芸	訓？	7画	芸	芸	芸	芸	芸	芸	芸
音セキ	席	訓？	10画	席	席	席	席	席	席	席

新しい漢字を使ったことば・文

席（セキ）にすわって，虫（ムシ）を殺（ころ）す芸（ゲイ）をする。

おはやう

前に習った漢字の練習（レベルアップの漢字）

みなみのしまで，いっしょうけんめいけんきゅうをしているはかせのとり

漢字

南の島で，一生けん命研究をしている博士の鳥

プラスα

出席　じゅう　印刷　望遠鏡　成功

けんび鏡　欠席　手芸　失敗　プリント

関係ある物を線でつないでね！

こうだね

5 4つ切り「ドリル型」漢字自学

自学の本にも書いているのですが，子供たちが取り組んでいるのは「漢字」だけではないです。全ての教科を自学で取り組みます。

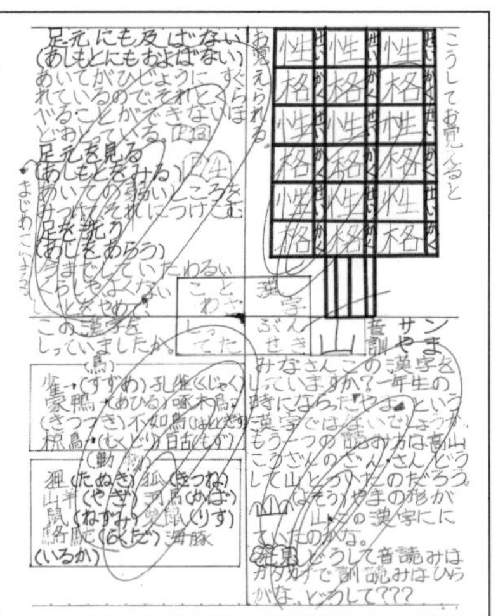

面白いのは，１ページを４つ切りにする方法です。

例えば，右の自学コピーを見ると，

- 漢字・分析・諺・知ってた
- 漢字・諺・発見・算数

というものに取り組んでいます。

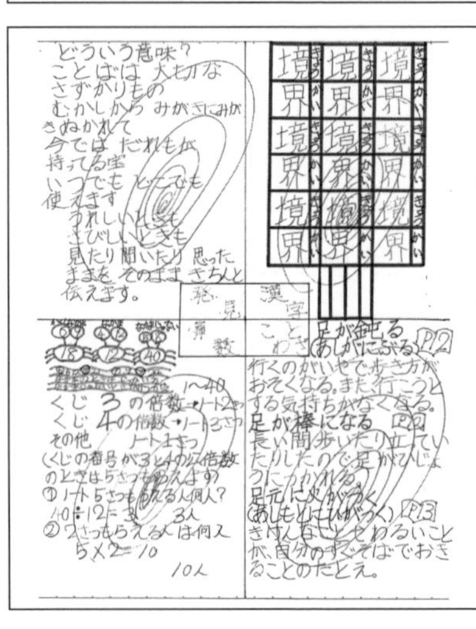

この自学ノートを提出した子は，このノート以外に２冊のテーマ自学ノートも出しています。

もちろん，宿題も忘れません。

やるのが当たり前。１日休むと３日戻ってしまう。やり続ける。やり遂げることが大切。

この学びの土壌が耕されていると，子供たちの学ぶ心構えを常に見逃さず，認め続けることをしています。

ノートコピーを見ると分かるように，毎回**「ほんのちょっとのひと手間・工夫」**が必ずあります。

子供たちは，それを教師に見つけてもらう，友達にも見つけてもらうことを楽しみにしています。

友達の自学から学びタイム3分

というのを，時折実施しています。時間が取れない時は，後ろの棚に並べておきます。自由に，友達の自学を見て学んでいいと言っています。

「いいモノマネ・マネッコ」される自学ノートは，**みんなの学びのタネ**だと話しているのです。

右の「4つ切り」ドリル型自学は，先の子の自学を見て，自分なりに工夫したものです。

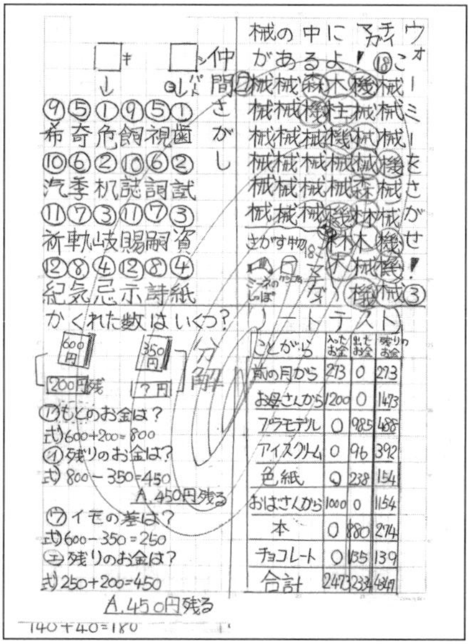

> **漢字は必ず入れる。**
> **→クイズ風にまとめた。**
> **→辞典調べをして仲間漢字を書いた。**

「知層」を大切にしながら，「智層」も重ねていく。そんな工夫が随所に見られる自学になっています。

こういう「場」が，子供たちを**「アクティブラーナー」**にし，学びをとことん楽しむ子供たちに**「変心」**させると，三十数年実践してきて，強く思います。

この本は「漢字」のことを書いていますが，漢字以外のことも子供たちとことん追究・探究し「知層・智層」を積み重ねていきます。

漢字定着5システム指導法は，その「知層・智層」の一つなのです。

授業・宿題を活かす！「続き学び・つながり学び」漢字自学

1 イラストマニュアルで「続き学び」漢字自学

下の自学コピーは，**「イラストマニュアル」**と呼んでいるものです。

国語の授業で使用している分析アイテム**「視点・言葉のたし算」**，このアイテムの説明を，イラストを使って分かりやすく解説しています。

国語の授業には「視点・視点の移動・みんな視点・お客さん視点・一人視点・色調・音調・形調・たとえ言葉・強調・比べっこ」など，100以上の分析アイテムが登場します。

日常では使う頻度が少ないだけに，国語の授業の**「続き学び」**として

分析アイテムの手引書

を作ったのです。

イラストがあることで，友達がアイテムをマスターしやすくなると考えたらしいです。**「絵画効果」**が，ここにもあります。

もちろん，ノートを拡大コピーして知的学級掲示にします。廊下にも，教室にも同じものを貼ります。

どの子も立ち止まって見ます。しっかり，漢字が使ってあるので，漢字と

の再会も演出しています。

イラストマニュアルは，全員の目を集める。何度も，内容を読ませることができる。「漢字との再会」が何度も生まれる。

やった人だけが役に立つ自学ではなく，周りの人にも「学び欲」を高める効果のあるものです。

ちなみに，右のように「ノート1冊」全てを「イラストマニュアル」自学にしてしまいました。

知的掲示でノートを置いておくと，何度も何度も読まれる自学になっていました。

もちろん，下のような「マネッコ・イラストマニュアル」が続々出てきます。国語の教科書の説明文「体を守る皮ふ」を，イラストマニュアルでまとめているのです。

- 説明文を読む。
- 要点をまとめる。
- 漢字を使う。

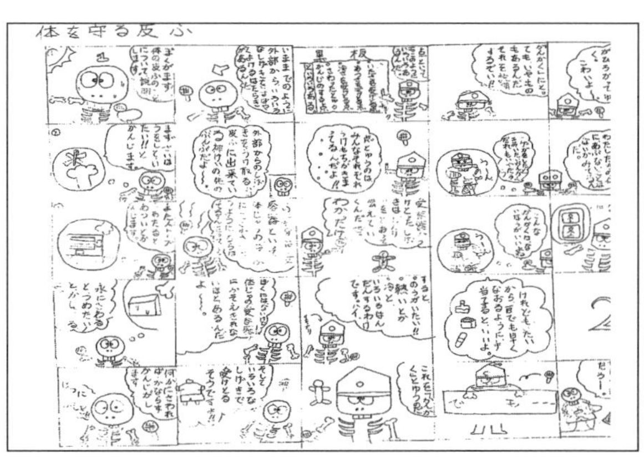

一石二鳥学びになる自学です。漢字の読みと書きで再会。分析力・漢字力がアップします。

2 漢字分析で「続き学び」漢字自学

４章の中で，「虹」という漢字を分析した作文を紹介しました。

子供たちは，漢字分析が大好きです。いつも見ている漢字を少し立ち止まって，**「隠されている部分」**を探ります。

謎を推理する探偵のようで，楽しいと言います。例えば，下の「漢字分析」は「蚕」という漢字を探っています。

- ６年で習う漢字を４年生が先取り学習をしている。
- 家で，おばあちゃんとの会話から「蚕」を探るきっかけになった。
- 漢字分解をして，仮説を立てた。
- 蚕→蠶という昔の漢字も調べた。
- 七十二候の「蚕起きて桑を食う」も調べていた。→学級文庫より

漢字分析

蚕

蚕を分析します。
「かいこ」とよみます。
このかんじはバラバラにできるのでしてみます。
天　天(てん)と虫(むし)です。
虫　てんのむしと思います。
おばあちゃんに聞いたんだけど，蚕から糸がとれると聞きました。しかもかっていたといっていました。蚕の色は白色です。だから白糸がとれると思います。
ぼくはこう思いました。「天の糸」「天の糸」といっても本物の天の糸じゃなくて，大切な糸と思います。ぼくのおばあちゃんがかっていたのはむかしだから糸だけでも自分で作らなきゃいけない

右には１ページしかコピーしていませんが，何ページにもわたって「漢字分析」をしたのです。

漢字分析は，**「タイムリー効果」**をねらって，辞典などを使い授業中に行います。その**「続き学び」**を自学で取り組む子が多いです。

漢字分析をすると，先に書いたように「前もって漢字をする」「人から学ぶ，請う動をする」「本から探る，読書量が増える」等につながっていきます。

漢字に対して「博士ちゃん」になる。

漢字オタクに近づきます。まさに，漢字が親友になっていきます。

「漢字分析」は，すぐに波及します。**「学びの年輪」**が，どんどん大きくなります。

かんじ・分せき

議　これはかいぎのぎです。これを分せきしま〜す。

言　人がいけんを言うことをあらわす？

王　いちばんえらい人が，いるからあらわす？

手　けものへんににてるから，けものみたいにうるさくいけんを反たいする人とかをあらわす？

羊　ソは手で王は紙がかさなっていけんをまとめているのをあらわす？

戈　残るという字の○のところたにているきいてなかったひとが残されるというのをあらわす？

議（ぎ）　議　ごんべん　20画

1 話し合う
2 意見をのべ合う

先の「蚕」分析を**「いいモノマネ」**して，すぐに漢字分解しています。

一つ一つのパーツに意味があるのではないかと，推理して書いているのです。

最後に**「？」**が付いています。もしかしたら，正解ではないかもしれません。

でも，推理することを楽しんでいるのです。

その後，学級文庫の漢字辞典等を使って，成り立ちも調べています。それも書いてまとめています。

「漢字分析」は，漢字を深掘りする機会になる。

漢字は，ただ覚えればよいのではなく，もっと楽しむためにあるということを示してくれる。

ちなみに，漢字分析をする子は，漢字テストをしても「ミス」がほぼないです。完璧に近いです。

漢字と友達・親友になっていると，「さあ，頑張るぞー」という気持ちでテストに挑んでいるのが分かります。

「頑張ってください」と言う必要はないです。言わなくても，頑張る子供たちです。「待っていました一」と言う子までいます。

漢字分析が，自然と**「学び田・学びに向かう心田」**を耕しています。

3 漢字クイズ問題作成で「つながり学び」漢字自学

2章の学級文庫で紹介したように，学級にはたくさんの「漢字クイズ本」があります。

この「漢字クイズ本」から面白い問題を探して，そっくり視写する自学に取り組む子がいます。視写の回数を積むと，段々とオリジナル漢字クイズが登場するようになります。

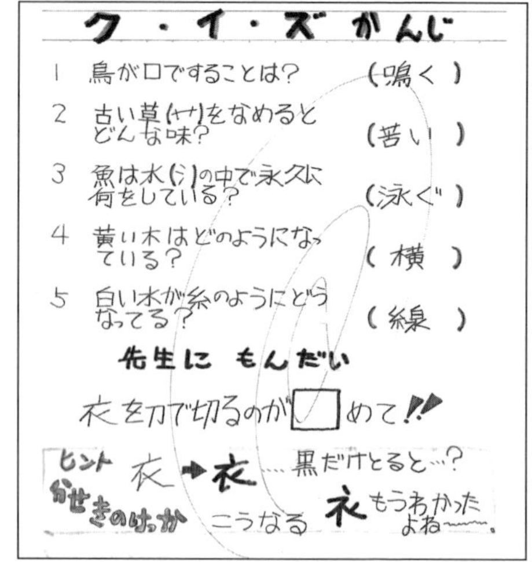

右のコピーは**「漢字分解クイズ」**です。

これを拡大コピーして，答えの部分を隠したものを知的学級掲示にしています。

すぐに子供たちは，**マネッコ自学**に取り組み始めます。

漢字との再会を「分解する」というキーワードで楽しむのです。

ちなみに，この漢字の分解は，先の「蚕分析」でも取り組まれていました。

授業や宿題・テスト・知的学級掲示等で，漢字分解に取り組んでいたことが**「つながって」**いるのです。

時には，「漢字分解」に対して**「漢字合成」**の問題も出ます。例えば，

①京＋色＋日＋糸＝	②日＋口＋心＋立＋未＝

①は「絶景」です。②は「意味」です。

こういう**逆視点**で考える問題で，熟語意識も高まっています。

これは，漢字分解・合成につながる自学です。

「新進気鋭」という漢字を分解して，「新と進のどちらが先に来るか」を考えよという問題。

漢字の順番という視点を，子供たちに与えることになります。

> **漢字クイズは，漢字１文字や熟語をよく見る時の，新しい視点を子供たちの中に培う。**

更に，子供たちが出してきた漢字クイズを，**漢字ワーク化**します。

すると，子供たちの中に新しい視点が，ぐっと浸透していきます。

こういう「場」も，**タイムリー効果**をねらって作成しています。

右の「漢字クイズ」自学の面白いところは，

> **自分でも考えて書いている**

ことです。

ただ問題を作るだけでなく，自分でも挑戦してみた「事実」を，自学に紹介しています。

自分でも**試行**する。そうすることで，**思考**力がアップしています。

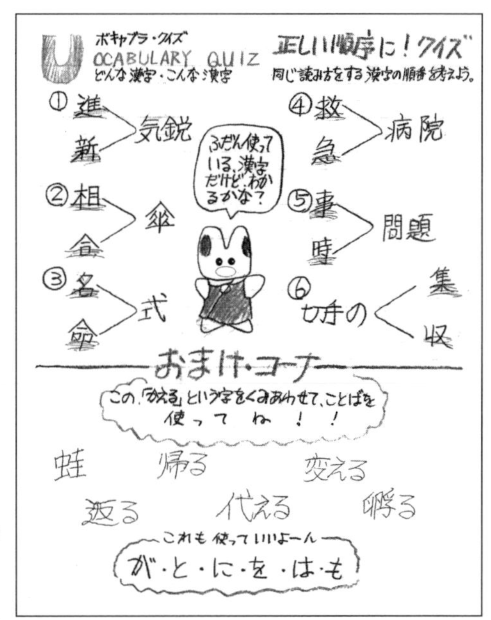

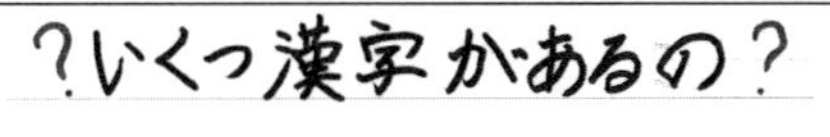

4 他教科で一石二鳥「つながり学び」漢字自学

先に紹介した拙著『自主学習システム＆ノート作成法』には，いろいろな教科の自学ノートコピーを紹介しています。

例えば右のコピーは，理科自学です。

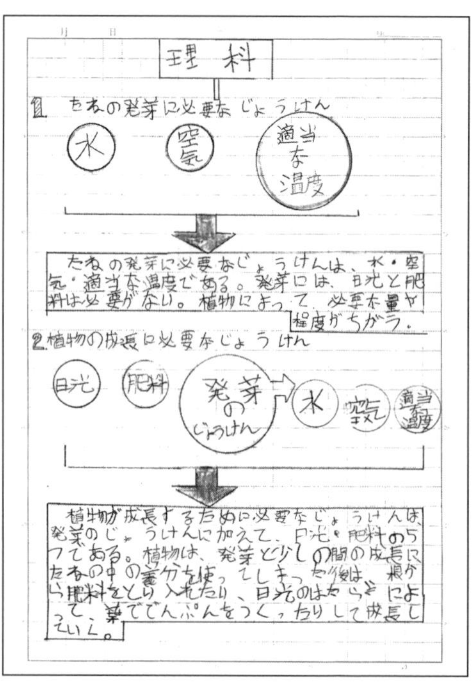

- **絵画効果**を使っている。
- 端的に分かりやすくまとめている。
- 理科用語を，**漢字**でしっかりと書いている。

５システムの「場」が活きて，つながっているのです。

絵や漢字を使って，分かりやすいです。ひと手間かけていますね。素晴らしい。工夫もいっぱい！

こう**「声かけ」**しています。もちろん，**100点花丸モグラ・フォーク付き**の絵も描きます。知的掲示にも，学級通信に紹介もします。認め褒める「場」の渦に巻き込みます。

そうすることで，先の自学の本の中にも紹介している「テーマ別ノート」が次々と誕生していくのです。

一つのことを追い続ける。深く広く学ぶ。その過程で，当然５システムに欠かせない**「全力・前力・善力・然力」**を確実に身につけていきます。

右のノートは，❺にもつながるのですが，「ごんぎつね分析」というテーマノートです。３冊のノートをガムテープでくっつけています。

ページ数にすると100ページ近くです。

一つのことを徹底的に追い続ける**「追究・探究力」**が身につくと，５システムがより効果を発揮するようになります。

右下の自学コピーは，社会科版です。レイアウトを工夫して「絵画効果」を発揮しています。

実は，社会科の自学も非常に多いです。なぜか。それは，子供たちに次のように言っているからです。

> **社会の勉強には「漢字」がたくさん出てきます。難しいです。**
>
> **でも，「漢字」が好きな人は，社会にも強くなります。**
>
> **難しい漢字で書かれた「社会の言葉」を面倒だなぁと思わないからです。**

◎各地の特産品と相場しらべ◎

この中に「新聞のデータ」が貼ってあります。

発見！さすが有名なだけあるナア〜

やっぱり魚は下関だな〜

分からないことは，すぐじしょでしらべよう！

相場って何だ？

もちあいって何だ？

その気にさせる言葉かけをしています。

全員経験の場では「社会科用語視写」などもしています。

漢字定着５システムの土壌を耕すために，社会科や理科など「難漢字」が登場する教科も好きになるように仕掛けています。

その仕掛けの成果が，先のような自学の形で，何度も登場するのです。

5 分析作文に漢字多用「つながり学び」漢字自学

４章で「作文宿題」を紹介しました。子供たちは，書くことが大好きです。作文の宿題を楽しみに待ちます。

発見・観察・分析・説明などの作文宿題を通して，「書く」のが当たり前の状態になっています。子供たちには，**「当たり前力がすごい」**と褒め続けています。それも，全員が「作文好き」になるのです。

下の作文は**「分析作文」**です。国語にしても社会にしても，今学んでいることを「分析」する作文を必ず書きます。

それは，授業中ではないです。下の「大造じいさんとガン」分析作文は，

授業で学んだことを活かして，更に**深掘り**して，自分分析をしています。
２つのタイプがあります。
①以前習ったことを，もう一度分析する
②**前もって分析**に挑戦する。先読みして，自分の考えを書く

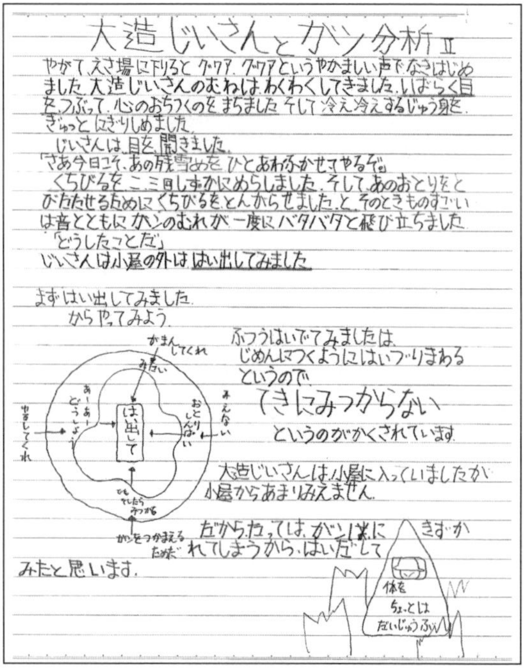
大造じいさんとガン分析Ⅱ
やがて，えさ場に下りると グワア，グワアというやかましい声でなきはじめました。大造じいさんのむねは，わくわくしてきました。しばらく目をつぶって，心のおちつくのをまちました。そして，冷え冷えするじゅう身を，ぎゅっとにぎりしめました。
じいさんは，目を，開きました。
「さあ今日こそ，あの残雪めを ひとあわふかせてやるぞ。」
くちびるを二，三回しずかにぬらしました。そして，あのおとりをとびたたせるためにくちびるをとんがらせました。と，そのときものすごい羽音とともにガンのむれが一度にバタバタと飛び立ちました。
「どうしたことだ」
じいさんは小屋の外ははい出してみました。

まずはい出してみました。
からやってみよう。
ふつうはいでてみましたは，
じめんにつくようにはいずりまわる
というので，
てきにみつからない
というのがかくされています。
大造じいさんは小屋に入っていましたが
小屋からあまりみえません。
だからたってはガンに，きずかれてしまうから，はいだして
みたと思います。

分析作文を書く中で，右のように図や漢字を上手く使っているのです。

この分析ノートは，後ろの棚に置いて，自由に見ることができるようにしています。**「いいモノマネ」**のタネにしているのです。これも，知的学級掲示の一つです。

当然，ノートの近くには**「ばっちり！　図・絵・丁寧な字・漢字そして書いている内容！」**と書いて貼ってあります。マネッコするポイントに気づくように強調しています。

ところで，マネッコが進むと，下のような**ウルトラ分析自学**と呼んでいるものが登場します。４年生の子供なのですが，６年生の教材「やまなし」を分析しているのです。

今やっている勉強の分析ではなく，学年を越える。当然**「難しい漢字」**にも出会います。でも，難しいと逃げることはないです。

分からない漢字に出会えば，家族に聞いているようです。意味は，辞典で調べます。

分析作文は，まさに**「漢字を楽しむ場」**にもなっているのです。

この分析自学を「いいモノマネ」する子は，更に進化・深化して，宮沢賢治さんの他の本を分析自学します。

更に，難しい漢字に出会います。それが，楽しいと言います。

難しいことに挑戦することは，子供たちにとって面白いことなのだと感じます。

５システムの学び田が耕される瞬間です。

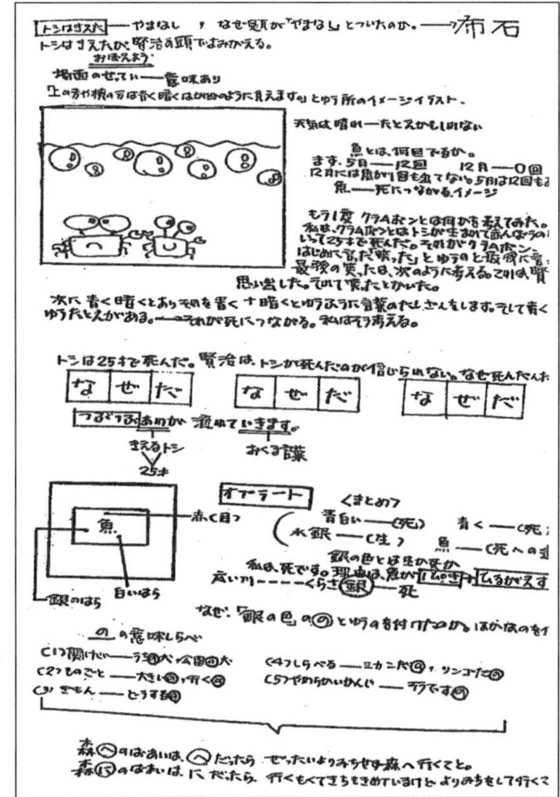

家族を巻き込む！「共育・協育・驚育」で漢字自学

1 家族も一緒に楽しむ〈漢字すごろく〉タイム

１章・２章で紹介した「漢字カード」。その中の一つに「和語・漢語・外来語」というものがあります。それを**「漢字すごろく」**にしたものが下のプリントです。

Ａ３サイズの紙に印刷しています。

ルールは簡単。サイコロを転がして，出た目の数だけ進むものです。

止まった所が「和語＝５点，漢語＝３点，外来語＝１点」というものです。

このプリントを，金曜日に渡します。そうすると，土日を使って家族みんなで「漢字すごろく」に挑戦してくれます。

もちろん，中には仕事などが忙しくて，できない家庭もあります。そんな時は，一人挑戦も当然 OK です。

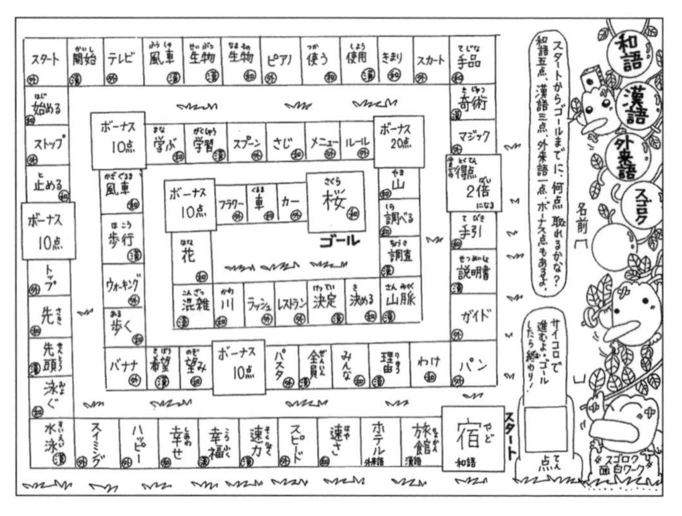

１年間は長いです。１年間の中では，必ず全家庭がやってくださいます。

その「布石」を後で述べる「保護者懇談会」で打っているのです。

一度やると，結構はまると言ってくださいます。一家庭に３枚の「漢字すごろく」を渡すようにしています。

書き込んでもOK，紙が破れてもOKなように３枚にしているのです。

この「漢字すごろく」は，下のようなレベルアップしたものもあります。

一つ一つのマスに「漢字問題」がある。

これは，時間もかかります。これも金曜日に配るのですが，時には夏休み冬休みなどのプリントとして配ることもしています。

家族みんなで，漢字のことをわいわい語りながら，すごろくを楽しむ。

まさに**「一緒懸命・一瞬懸命・一笑懸命」**な瞬間です。その様子を，子供たちは「作文自学・日記自学」に書いてきます。それも，長文です。

「書く」ことで「漢字」と再会・出会う。だから，漢字が楽しくなります。

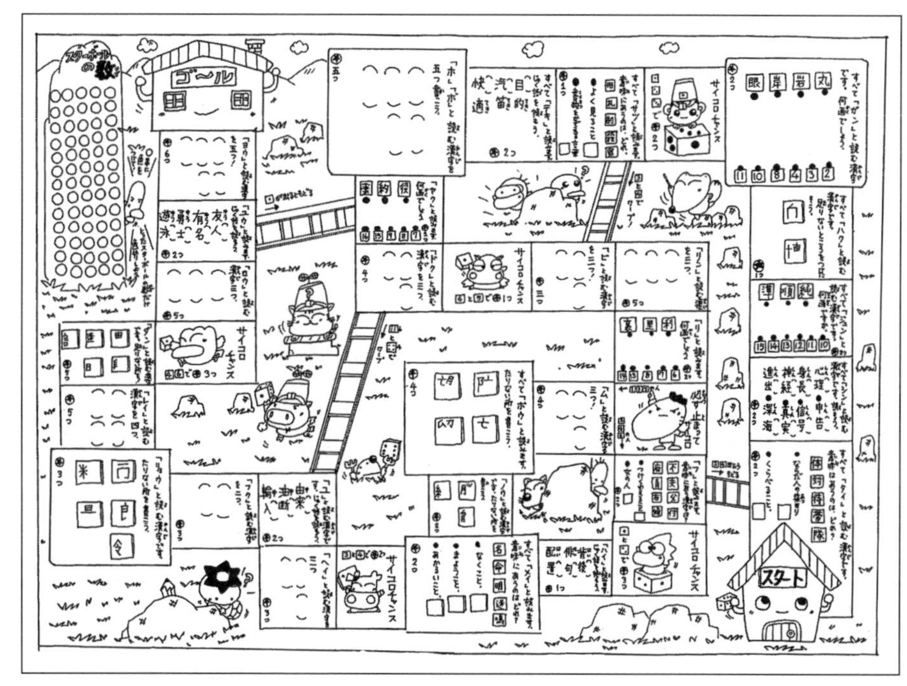

2 家族も一緒に考える〈漢字ワーク〉タイム

先の「漢字すごろく」の布石として，下のような「漢字ワーク」を出しています。

「漢字すごろく」に登場する問題に，よく似た問題です。

これは，**全員経験の原則**をつなげているのです。一度類似問題を解いておくだけで（あっ，この問題見たことある）という安心感が生まれます。

このプリントを，次のように言って渡しています。

> **これは，難しいですよ。家族の人に，聞いて書いてもOKです。もちろん，辞典も調べてもいいです。**

この型の「漢字ワーク」を2，3回やると，家族に聞いて一緒に取り組む子がたくさん出てきます。学級通信でも，取り組みの様子を紹介しています。

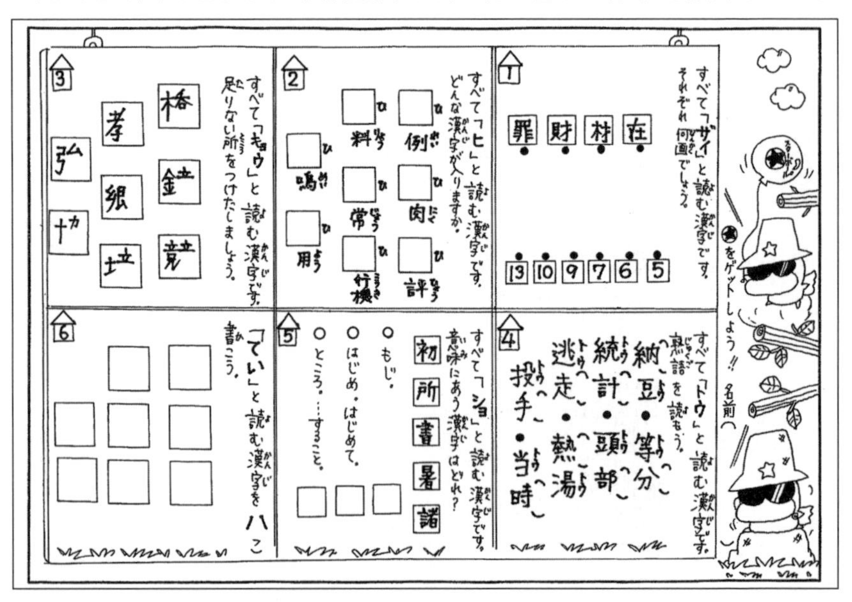

下のプリントも「パターン」が同じことに気がつくと思います。「家族みんなで楽しむ漢字ワーク」は，**パターン化**しています。

無駄な説明が，いらないからです。ただ，問題は変わっている。今回は，どんな問題かを楽しめるようにしているのです。

> **家族と一緒に取り組む→やり方を教えてもらえる→ありがとうと感謝を示す→❶の漢字すごろくを一緒に取り組む→子が親に勝つという逆転現象が起きる→家族みんなで何回も楽しめる。**

こういう「場」を通して，**親子対話・会話**が生まれ，褒められる機会も増えてきます。保護者の皆さんが，子供たちの**「成長」**を感じることができる「場」だからです。

一人で「漢字ワーク」に取り組むより，家族みんなで「漢字ワーク」に挑む。その時間が，子供たちの**「学びに向かう心」**を高めています。

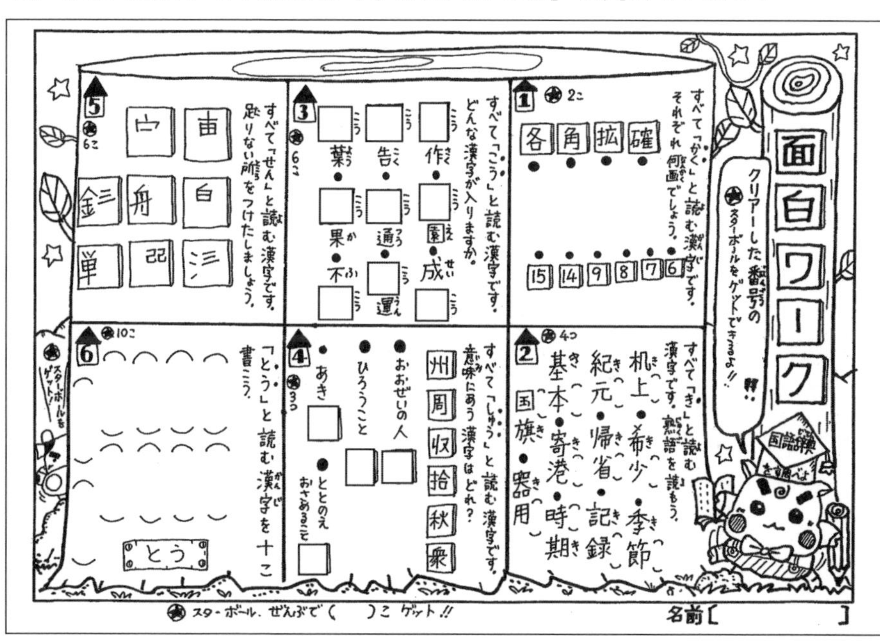

3 家族みんなで楽しむ〈はてな発見通信〉タイム

学級通信（学級日記という名前ですが）を毎年数百号書いています。B４用紙１枚が１号分です。多い年は，909号発行しています。

この学級通信以外に**「はてな発見通信」**というものも，不定期に出していました。次のようなものです。

子供たちが，身の回りのことに**「はてなの目」**を向けることができるように発行しています。例えば，下の通信のテーマは「当て字」です。

時々目にする「当て字」。これに目を向けることで，見えるものが増えてきます。そんな思いを込めて，発行しています。

この「はてな発見通信」は，家族みんなの話題の一つになっているという声をたくさんいただきます。

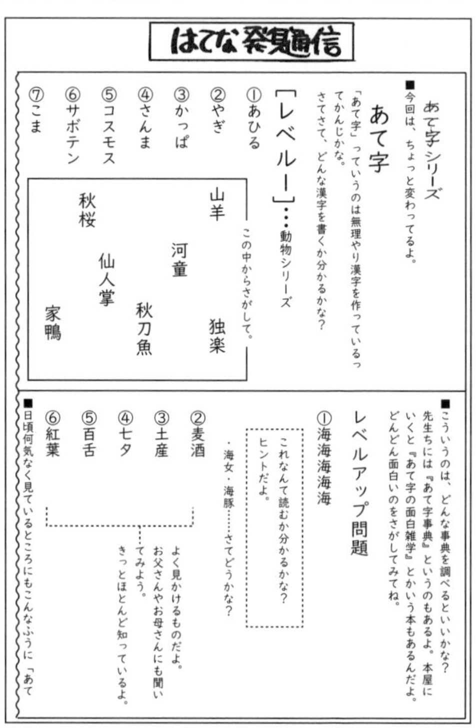
はてな発見通信

■今回は，ちょっと変わってるよ。
あて字シリーズ

あて字

「あて字」っていうのは無理やり漢字を作っているってかんじかな。
さてさて，どんな漢字を書くか分かるかな？

［レベル１］…動物シリーズ

①あひる
②やぎ
③かっぱ
④さんま
⑤コスモス
⑥サボテン
⑦こま

この中からさがして。

山羊　独楽
河童　秋刀魚
仙人掌
秋桜
家鴨

■こういうのは，どんな事典を調べるといいかな？
先生ちには『あて字事典』というのもあるよ。本屋にいくと『あて字の面白雑学』とかいう本もあるんだよ。
どんどん面白いのをさがしてみてね。

レベルアップ問題

①海海海海海

これなんて読むか分かるかな？
ヒントだよ。
・海女・海豚……さてどうかな？

②麦酒
③土産
④七夕
⑤百舌
⑥紅葉

よく見かけるものだよ。
お父さんやお母さんにも聞いてみよう。
きっとほとんど知っているよ。

■日頃何気なく見ているところにもこんなふうに「あて

こういう「はてな発見通信」を出していると，子供たちが自学ノートに，次のようなテーマを出してきます。

- 家にあった「当て字」
- 学校に来るまでに見つけた「当て字」
- 家族みんなで探した「当て字」
- 本から見つけた「当て字」

など，いろいろなテーマで「追究・探究」がスタートします。

更に，次のページのような「は

てな発見通信」を出します。手書きです。

時間を見つけた時は，パソコンで打つだけでなく，手書きで通信を発行することも多いです。**教師自学**の一つだと思っています。

意外と，手書きで書くと**「かくしタイム・根心」**を強く感じてくれる子供たち，保護者の皆さんがいます。

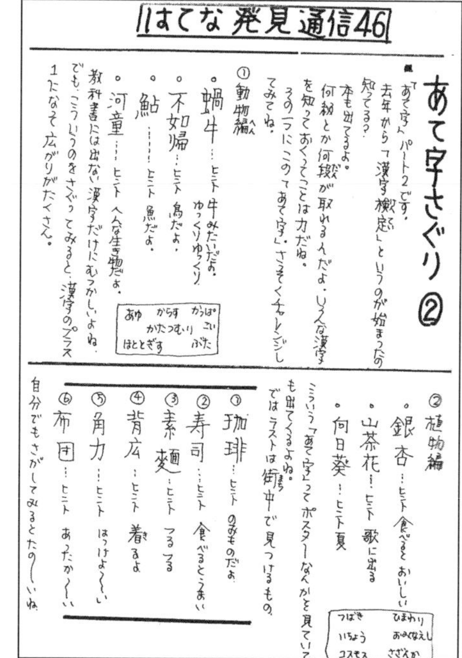

はてな発見通信46

あて字さぐり②

「あて字」パート2です。
去年から「漢字検定」というのが始まったの知ってる？
本も出てるよ。
何級とか何段が取れるんだよ・いろんな漢字を知っておくことは力だね。
その1つにこの「あて字」さっそくチャレンジしてみてね。

①動物編
・蝸牛…ヒント 牛みたいだよ。ゆっくりゆっくり。
・不如帰…ヒント 鳥だよ。
・鮎……ヒント 魚だよ。
・河童…ヒント へんな生き物だよ。

教科書には出ない漢字だけにむつかしいよね。でも，こういうのをさぐってみると，漢字のプラス1になぞ広がりがたくさん。

あゆ　からす　かっぱ　かたつむり　ごい　ほととぎす　ぶた

②植物編
・銀杏…ヒント 食べるとおいしい
・山茶花…ヒント 歌に出る
・向日葵…ヒント 夏

こういう「あて字」ってポスターなんかを見ていても出てくるよね。
ではラストは街中で見つけるもの。

①珈琲…ヒント のみものだよ。
②寿司…ヒント 食べるとうまい
③素麺…ヒント つるつる
④背広…ヒント 着るよ
⑤角力…ヒント はっけよ～い
⑥布団…ヒント あったか～い

自分でもさがしてみるとたの～しいね。

つばき　ひまわり　いちょう　コスモス　さざんか

下のコピーは，なんと

子供版学級通信

です。教師が，学級通信やはてな発見通信を書くのを見て，自分たちも書いてみたいと，自学としてやってくるのです。

当然，びっしり書いてきます。

漢字もたくさん使います。この子は，100号以上のＢ４判子供通信を書き上げました。

家族で楽しむ「はてな発見」通信は，子供たちの学びの場を広げていく力をもっています。その学びの場で自然と，**漢字**も当たり前のようにたくさん使います。まさに，一石二鳥の**「学びのタネ」**役です。

はてな発見通信を発行することは**「手間」**がかかりますが，その分，返ってくるものも大きいです。

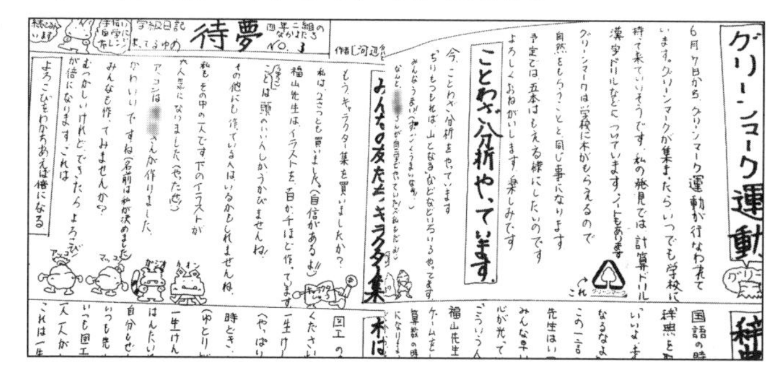

待夢　四年二組のなかまたち　No.3

グリーンマーク運動

6月7日から，グリーンマーク運動が行なわれています。グリーンマークが集まったらいつでも学校に持って来ていいそうです。私の発見では，計算ドリル，漢字ドリルなどについています。ノートにもあります。グリーンマークは学校に木がもらえるので，自然をもらうことと同じ事になります。予定では五本はもらえる様にしたいのです。よろしくおねがいします。楽しみです。

ことわざ分析やっています。

みんなの友だちキャラクター集

もう，キャラクター集を買いましたか？
福山先生は，イラストを百か千ほど作ってます。
その他にも作っている人はいるかもしれませんね。
私もその中の一人です。下のイラストが大人気になりました(やったね)
みんなも作ってみませんか？
よろこびもわかちあえば倍になる

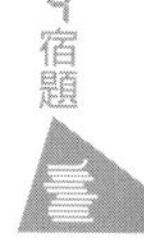

4 漢字自学を活性化する源〈共育カード〉

自学を活性化するのは，教師や友達からの声かけも大きいですが，何といっても家族からの声かけです。

教育は，共育・協育・興育・驚育そして響育です。

親の支えがあってこそ，５システムの効果が大きくなります。これを**「添え木共育」**とも呼んでいます。

保護者の皆さんに「添え木」になっていただくためには，保護者とのやり取りが大切です。私の学級には，拙著『一人ひとりを見つめる子ども研究法の開発』の中にも紹介している**「共育カード」**というものがあります。

〈現代子ども論〉シリーズ4
一人ひとりを見つめる
子ども研究法の開発
福山 憲市著
明治図書

Ａ４用紙の半分サイズです。保護者は常に，その紙を３枚持っています。１枚届いたら，また１枚渡しています。

詳しいことは，拙著を読んでいただけると分かるのですが，どんな些細なことでもいいので，子供たちとのかかわり・成長の様子を教えてほしいと４月スタート時に言っています。

共育カード「子どもにはかなわない」 9月15日

娘の日記や作文を読んでいると、私のどこかに隠れてしまった鋭い感性を見付けることができる。ああ、そうだったのかと、ハッとさせられることが、しばしばある。私などは、まさに文を作っているのであって、"文で表わす"ことが、何か恥ずかしくて、できなくなってしまっているのだ。また、息子が絵を描いているのを見ていると、感じたままを、感じた形や色で、思っ切り描いている。見ているのではなく、感じているのだ。確かに、大人の描く絵は、すっきりとまとまっていることが多く、飾っておくのにはいいが、何か強烈なインパクトを受けることが少ない。すばらしい芸術家は、決して子どもの心を失わないと言われる。私も、そうありたい、この頃である。

もちろん，そのためには**「教師の返事」**が欠かせません。

これは，教師自学だと思っています。

保護者とやり取りが進むと，たくさんの力を貸してくださいます。添え木力が上がります。

先の教育カードを読んでいただくと分かるように，このカードは父親からのものです。作文・日記を読み，子どもの感性に驚いているのです。

親から褒められる，認められるから，どんどん自学がグレードアップしていきます。

更に「共育カード」では，子供たちのことだけでなく**「親の成長」**のことも書かれています。

例えば，右のカードは「観る」ことの大切さを強く感じてくださっているものです。

共育カード　1月25日

参観日，もちろん子供の勉強への姿を見るのもいいですが
その後の懇談会での先生の話を聞くのが好きです
早速ですが 昨日の「観る」いいですネ.
勉強になります. 話を聞いてて 自分に吸収できる
ことは 大いに……と いつも思ってます.

親の意識が変わると，子供たちの**「学び意識」**も変わるのを実感することが多いです。

次のカードのお父さんも，娘と「分析批評」をしていると書いています。親が一緒になって学ぶ。その姿に，子供たちは嬉しいと言います。

一緒に学ぶ時に，言葉や漢字について「語り合う」機会が多くなったと，共育カードで何度も教えていただけます。

共育カード「言葉を読む」　1月12日

ジョン・レノンやボブ・ディラン、友部正人や斉藤哲夫の語る
難解な言葉のゲームを楽しんでいた時代があった。言葉と言葉
がハッとするような結び付きを見せる。しかし、その言葉の裏に隠
れた背景を知らなければ、まったく意味が分からないのだ。そ
れにしても、言葉は難しい。娘と「分析比評」してると、つくづく
感じる。『てにをは』が恐くなる。句点、読点が恐くなる。「わ
たしは」は「わたしが」でないし、読点の位置など、さほど気にし
てなかったのが、それらが変わるだけで、ニュアンスがちがってくる。言
葉の並び、配列には、余程気を配らないと、話者の気持ちが
つかまえられない。何となく、自分勝手な解釈をしていたのでは
ないかと思えてくる。話者のイライラが伝わってきそうだ。（感ジタカイ！
考エタカイ！分カッタカイ！）感じたけど、考えたけど、分かりかけた
けど…。はたして、どれだけのことが言葉で伝えられるのだろうか。
ビジュアル時代だからこそ、言葉を読むことが大切なのかも
しれない。

学校だけでない子供たちの成長する姿を知ることで，**声かけ＝肥えかけ**する機会も，どんどん増えていきます。

5 保護者を漢字学びの場に巻き込む〈学級懇談〉

参観日の後の学級懇談。ここでは，保護者に話をして終わりではないです。保護者にも**「子供目線」**に立っていただく機会をつくっています。

子供たちが体験した「場」と同じです。

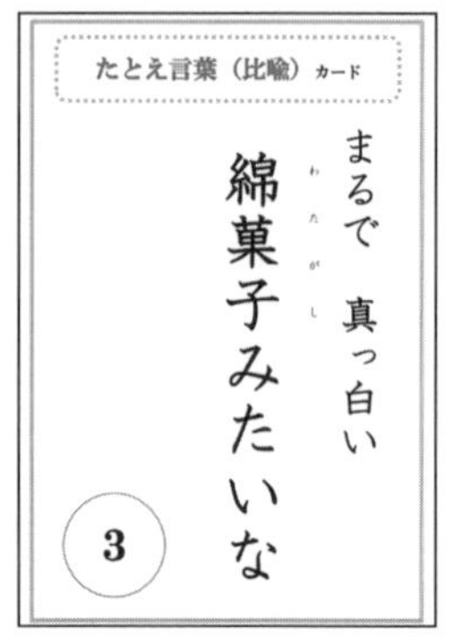

例えば，右の「たとえ言葉カード」を使います。

神経衰弱です。カードを２枚めくって揃えば取れます。

場には10枚。10枚でも，意外に揃いません。それだけに，保護者の皆さんも短時間ですが，楽しいと言います。

終わったら，このような「場」を朝学・帰りの時間５分などを利用してつくっているという話を簡単にします。

その裏には，言葉を豊かにすると同時に，漢字にも慣れる。更に，友達との関係を深くすると話します。

これを**「遊学」**という話もします。**「遊び感覚で学ぶ」**ことを通して，子供たちの「学び欲が高まる，進んで学ぶ」と続けます。

> **「場」があるから，「教育が共育，協育，興育，驚育，響育」になっていく。多くの「共育カード」が集まる背景には，このような場がある**

のです。学級懇談は，１年間に何回か行うので，そのたびに「子供目線」を味わうものを用意しています。

たとえば，子供たちが取り組んでいる学習ワークも使っています。

漢字の間違い探しをしたり，地図帳を使って「面白地名」を探したりします。

　子供気分にもなれて，楽しいと保護者同士で会話をしています。

　保護者同士のつながりも深くなります。

　保護者同士で**「一緒懸命の場」**を味わう時間も用意することがあります。

　例えば，右の「□線⇔□線」です。保護者同士で，国語辞典やネットで調べて，５分で見つけていただきます。

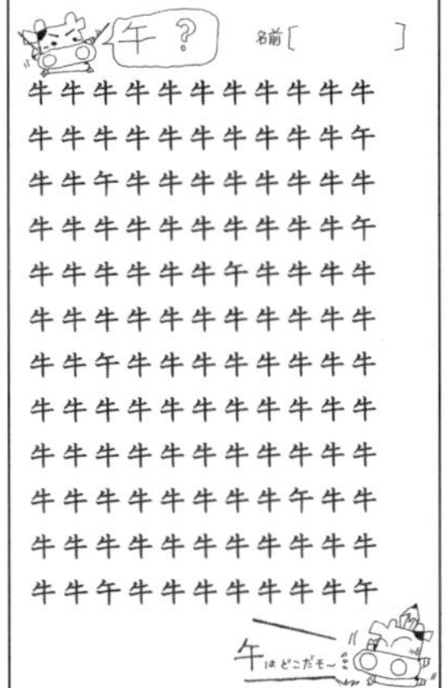

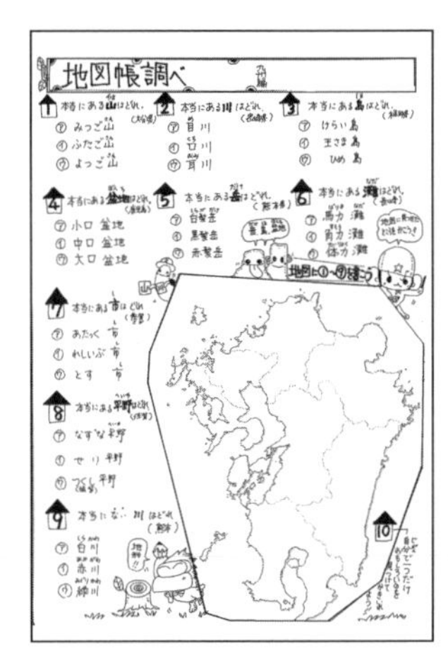

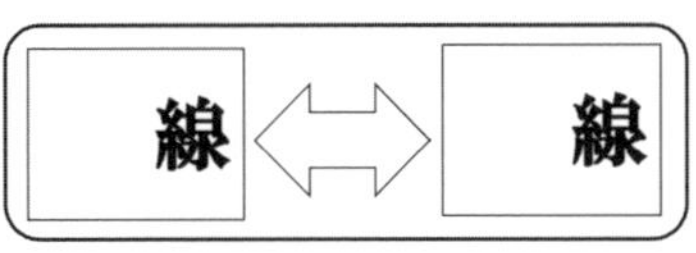

　「子供たちは，10以上見つけています。」と挑発します。必死に探されます。子供たちも，同じ様子だったと写真を見せながら話をすることで，共育が浸透していきます。もちろん，ここに**「調べ学習・漢字学習」**もリンクしていることをおさえています。

　このような「場」を学級懇談会に用意すると，たくさんの保護者が参加してくださいます。

> **保護者と一緒に，遊び感覚で学び合う。「一緒懸命」の時間が「一瞬懸命」な時間になり，笑いが絶えない「一笑懸命」な空間となる。**

　何度も書いていますが，この「５システム」は，教師と子供たちだけでつくるものではないです。

「教師・子供たち・保護者のトライアングル」で，効力を大きく発揮すると思っています。

　ところで，学級懇談に活きるものがあります。それが，学級通信です。私

の学級では「学級日記」と呼んでいます。

基本，全員を載せる。子供たちの「日々の成長」の様子を載せる。授業の様子や授業外の様子を，細かく紹介するため。

５システムをスタートした新採４年目から，450号→500号→700号とどんどん増えていきました。だから，多い時は「909号」になったのです。もちろん，たくさん出す必要はないです。

親との**「共育」**を深くするために大切なのは，**「全員」**の成長を紹介し続けることだと思っています。右下は**「ザ・チャイルド」**と呼ぶもので，全員の名前の下に「成長ポイント」を数行書いています。

一人一人を大切にする。一人一人をしっかり見る。

全員力をアップするのは，個の成長。個の成長を**「親の添え木」**を借りて伸ばしていく。「５システム指導法」が，１年間で効果大になるための土壌を耕し続けること。これも常に意識すべきことと，三十数年，強く思います。

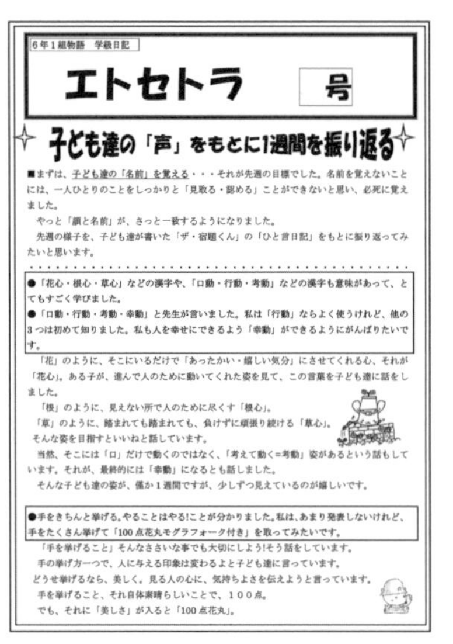

6年1組物語　学級日記

エトセトラ　号

子ども達の「声」をもとに1週間を振り返る

■まずは、子ども達の「名前」を覚える・・・それが先週の目標でした。名前を覚えないことには、一人ひとりのことをしっかりと「見取る・認める」ことができないと思い、必死に覚えました。

やっと「顔と名前」が、さっと一致するようになりました。

先週の様子を、子ども達が書いた「ザ・宿題くん」の「ひと言日記」をもとに振り返ってみたいと思います。

●「花心・根心・草心」などの漢字や、「口動・行動・考動」などの漢字も意味があって、とてもすごく学びました。

●「口動・行動・考動・幸動」と先生が言いました。私は「行動」ならよく使うけれど、他の3つは初めて知りました。私も人を幸せにできるよう「幸動」ができるようにがんばりたいです。

「花」のように、そこにいるだけで「あったかい・嬉しい気分」にさせてくれる心、それが「花心」。ある子が、進んで人のために動いてくれた姿を見て、この言葉を子ども達に話をしました。

「根」のように、見えない所で人のために尽くす「根心」。

「草」のように、踏まれても踏まれても、負けずに頑張り続ける「草心」。

そんな姿を目指すといいねと話しています。

当然、そこには「口」だけで動くのではなく、「考えて動く=考動」姿があるという話もしています。それが、最終的には「幸動」になるとも話しました。

そんな子ども達の姿が、僅か1週間ですが、少しずつ見えているのが嬉しいです。

●手をきちんと挙げる。やることはやる!ことが分かりました。私は、あまり発表しないけれど、手をたくさん挙げて「100点花丸モグラフォーク付き」を取ってみたいです。

「手を挙げること」そんなささいな事でも大切にしよう!そう話をしています。

手の挙げ方一つで、人に与える印象は変わるよと子ども達に言っています。

どうせ挙げるなら、美しく。見る人の心に、気持ちよさを伝えようと言っています。

手を挙げること、それ自体素晴らしいことで、１００点。

でも、それに「美しさ」が入ると「100点花丸」。

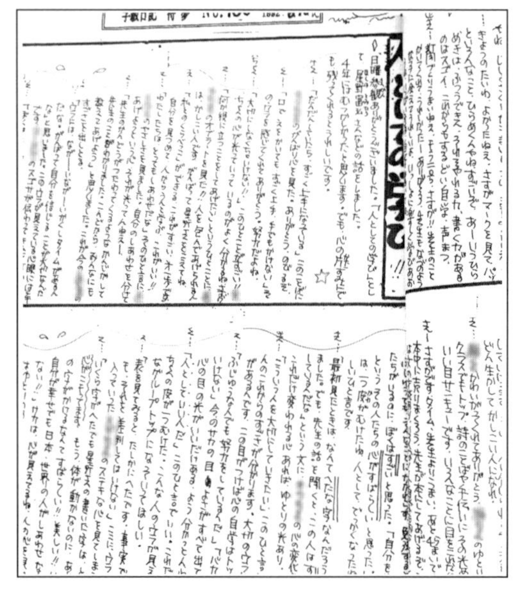

5章
学びのキーワード

- □ ３つのかく→汗かけ・恥かけ・頭かけ
- □ 学びの波
- □ 百聞は一見に如かず。百見は一考に如かず。百考は一行に如かず
- □ 七転び八起き心
- □ びっしり漢字
- □ １日自学ノートの山２ｍ
- □ 自分テスト
- □ そっくりマネッコ
- □ 少しアレンジマネッコ
- □ かくしタイム＝苦労＝根心
- □ 知層と智層のスパイラル
- □ 自分特訓
- □ やるのが当たり前
- □ アクティブラーナー
- □ イラストマニュアル
- □ 深掘り
- □ 学びに向かう心田
- □ 逆視点
- □ 漢字ワーク化
- □ 追究・探究力
- □ 当たり前力
- □ 漢字を楽しむ場
- □ 添え木共育
- □ 遊学
- □ 一緒懸命の場
- □ 教師・子供たち・保護者のトライアングル
- □ 学級日記
- □ ザ・チャイルド

「漢字定着５システム指導法」とリンクする実践本

拙著は全て「漢字定着5システム指導法」とつながっています。

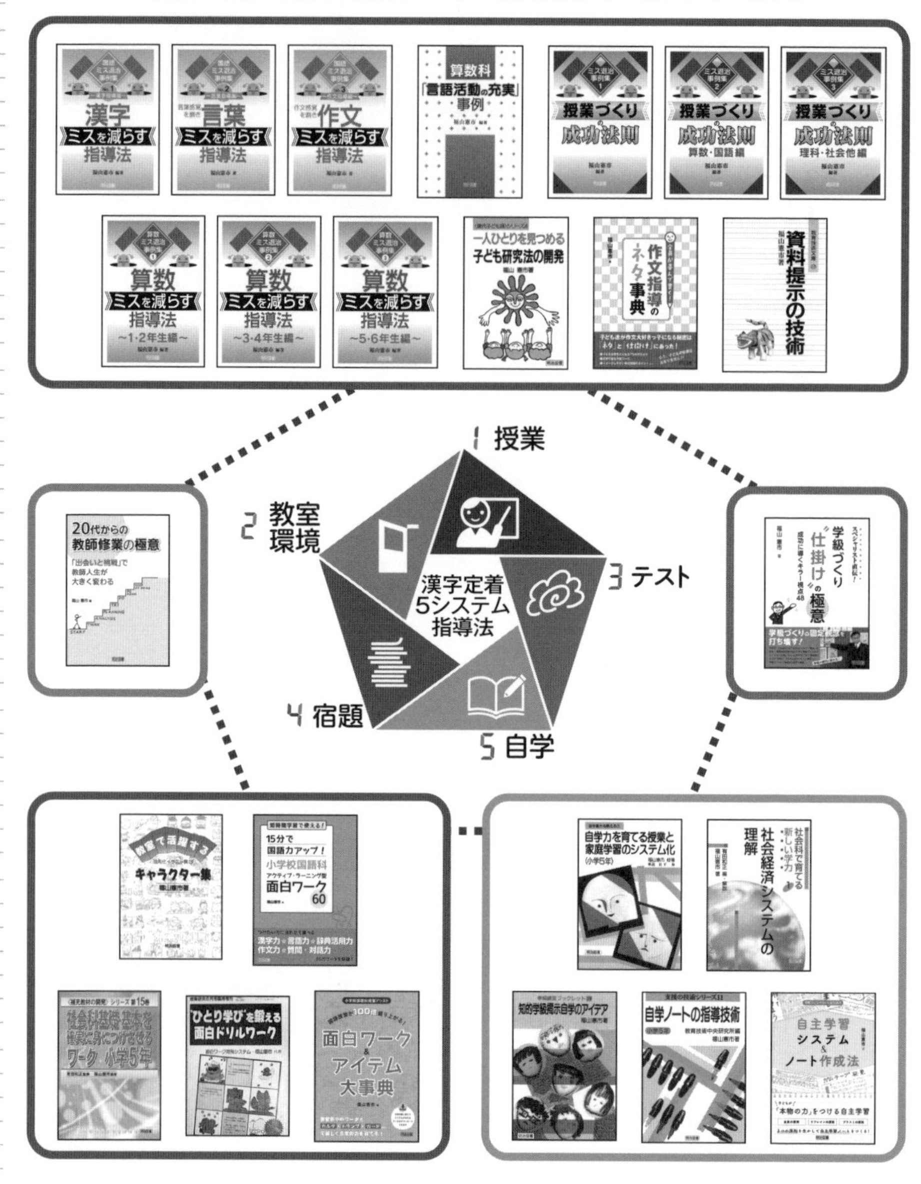

おわりに

「漢字定着５システム指導法」は，決して特別な方法ではないです。
今まで取り組んできた「漢字指導」を大きく変える必要もないです。
本書に紹介してきた５つの「場」を，今の漢字指導に少しずつ取り入れてみてください。
紹介した全てをすぐに実施することは，負担になります。
無理することはないと思います。
私自身，新採４年目から少しずつ「増やしていった」ものです。
教師自身が，本書に登場する５つの「場」を用意することに慣れてくると，子供たちの変わる姿がどんどん目に飛び込んできます。

慣れは 熟れになる

という言葉があります。
慣れることで，段々と熟成していきます。何が熟成するのか。

> それは，教師の心です。
> **「子供たちをアクティブラーナー」**にする５つの場を用意する心構えが変わります。こんなの面倒だなぁと思っていた気持ちが変わります。
> どんどん，いろいろなことを試したくなります。
> まず**「教師がアクティブラーナー」**になるのです。

教師が楽しめば，子供たちも楽しむ。それが，子供たちの学び田を耕すことになるのだと思います。
ぜひ，５システムの中から**「試した事実」**を一つずつ積み上げていってください。１年間で必ず，子供たちの心が変わります。漢字に向かう心が「楽しい・待ち遠しい」という心に**変心**するはずです。

この5システム指導法で，強く意識しておいてほしいものがあります。それは，この本の中で何度も紹介している**「学びのキーワード・合言葉」**です。

> 5つのシステムが，子供たちの心に涵養される背景には「学びのキーワード・合言葉」が必ずあります。
>
> 例えば**「行動→考動・興動・工動→功動→請う動→幸動」**というキーワードです。この言葉は，常に掲示しています。実は「行動」の前に**「口動」**という言葉も付けています。
>
> 口ばかり動かしても役に立たないという意味です。

「学びのキーワード・合言葉」が一つずつ子供たちの背景知となっていく過程で，5システムが子供たちの心に沁み込んでいきます。

何度も紹介してきた「全員力→全力・前力・善力・然力」「一石二鳥学び」「一緒懸命・一瞬懸命・一笑懸命」「MUST → CAN → WILL」など，たくさんの学びのキーワード・合言葉が1年間かけて子供たちの学び田に大きな根を張ります。もちろん，浸透するためには「時間」は必要です。

ここに，教師の**「耐力」**がいります。教師が面倒だからやめたとなると，子供たちが**「変心」**することは簡単ではないです。

> **涵養**……水が少しずつ少しずつ滲み込むように，ゆっくりです。

先にも書いたように，5システム全てを一度に行う必要はないです。

これを**「試行」**してみようと**「思考」**することです。試そうと思う**「志向」**が大切です。

本書は，教師のための**「学びのタネ」**だと思っています。

この「学びのタネ」が芽を出し，たくさんの葉を付け，花を咲かせるのは，少しずつ少しずつ試した「事実」があってこそだと思います。

「事実」……それは**「実になること」**です。

実がなるまでには，時間がかかるものがあります。「桃栗３年柿８年」という言葉があります。

結果をすぐに求めると，成果は大きくないかもしれません。

自分自身，新採４年目から行い「すでに30年」が経っています。全ての学年・特別支援学級で試し続けて，この５システムがあります。

そして，子供たちが「漢字の学びが待ち遠しいと言う事実」の上で，本書をまとめています。

子供たちにとって，漢字は覚えるもの。漢字って楽しくない。そう言った新採４年目に出会った子供たちの言葉がきっかけで生まれた５システム。

漢字が，子供たちにとって「興材・驚材・響材」になってほしい。

そう強く思いスタートしました。

本書には，５システム指導を行っている時に波及効果として生まれた拙著をいくつか紹介しています。

自学の本・面白ワークの本・カルタやカードの本・作文指導の本・子供研究の本などは，全て「漢字定着５システム指導」を行う過程で誕生したものです。併せて，読んで活用してみていただけると幸せです。

子供たちが「漢字」だけでなく，「学び」そのものを待ち遠しく楽しいものだと意識するようになります。

ここに紹介した「事実」が，少しでも，多くの先生方や子供たちの役に立つことができれば幸せです。

本書を書く機会をくださった明治図書の及川誠さんに，何度お礼を言っても言い尽くせません。ただただ感謝しています。

2020年７月

福山　憲市

【著者紹介】
福山　憲市（ふくやま　けんいち）
1960年山口県下関市生まれ。広島大学卒業。山口県下関市立一の宮小学校教諭。現在，「ふくの会」というサークルを35年継続。「ミスをいかす子ども達を育てる研究会」も組織し，ミス退治運動を進行中。
『自主学習システム＆ノート作成法』『国語授業が100倍盛り上がる！　面白ワーク＆アイテム大事典』『全員が喜んで書く！作文指導のネタ事典』『15分で国語力アップ！小学校国語科アクティブ・ラーニング型面白ワーク60』『スペシャリスト直伝！　学級づくり“仕掛け”の極意』（以上，明治図書）など，著書・編著書多数。

どの子も漢字の時間が待ち遠しくなる！
漢字定着5（ファイブ）システム指導法
5つの場で定着する子ども熱中指導術

2020年8月初版第1刷刊　©著　者　福　山　憲　市
発行者　藤　原　光　政
発行所　明治図書出版株式会社
http://www.meijitosho.co.jp
（企画）及川　誠（校正）西浦実夏
〒114-0023　東京都北区滝野川7-46-1
振替00160-5-151318　電話03(5907)6703
ご注文窓口　電話03(5907)6668

＊検印省略　組版所　長野印刷商工株式会社

Printed in Japan　ISBN978-4-18-343213-1